如何寫歷史

A Short Guide to Writing about

HISTORY

著 ● 理查・馬里厄斯、梅爾文・佩吉

譯 ● 黃煜文

謝辭

各學院與大學的史家在《如何寫歷史》的歷次改版中提供了寶貴建議。我尤其感謝一些學者的深入評論，他們的觀點協助形塑第七版：北伊利諾大學的泰勒·阿特金斯；內華達—雷諾大學的葛瑞塔·德瓊；阿帕拉契州立大學的麥可·克雷恩；菲爾角社區學院的湯瑪斯·梅西；波莫納加州州立理工大學的王作躍。

我要感謝我教授歷史寫作與研究的三所大學的同事所給予的支援：莫瑞州立大學、南非德爾班納托大學與東田納西州立大學。我的同事們對於我思索這些主題以及寫作新版本，或多或少產生了影響，我特別感謝和我對話的學者：肯·沃夫、道格·波吉斯、亨利·安特基維奇、丹尼爾·紐康莫、安迪·斯雷普、柯林·貝克斯特、安米特·埃辛與米拉·瓊斯，他們針對歷史寫作與研究的諸多細節提供了看法。一如以往，我的學生在歷史寫作感受的挫折與成功也令我獲益不少；柯琳·維斯康瑟羅斯、賈斯丁·霍爾頓、比爾·亨布洛克、布蘭迪·阿爾諾、瑟斯·巴爾提與馬歇爾·蓋勒威對本書做出一定的貢獻。我尤其感謝過去的學生潘妮·桑能伯格—威利斯協助整理研究與筆記的建議。我要感謝培生·朗文的約瑟夫·歐琵拉、吉妮·布蘭佛德與麗貝卡·吉爾平的持續鼓勵與信任。

最重要的是，沒有馬里厄斯數年前的努力鋪路，就不可能產生目

前這部全新的版本。像他這樣的工作夥伴如今已難尋覓，我真的覺得
自己很幸運。

梅爾文・佩吉

前言

　　自首次出版以來，已有數千名大學生使用本書來撰寫歷史報告。我一直認為這本小書可以協助學生掌握史家研究與書寫過去的方法。本書原作者理查·馬里厄斯對此慷慨投入一己之力。他有幾次參與我的教學，深入討論歷史寫作問題，他的洞見總是一針見血，而且給學生帶來許多幫助。當我嘗試教導學生歷史研究何以令人興奮時——以及當我持續修改本書時——馬里厄斯的觀點總是對我有著舉足輕重的影響。

　　馬里厄斯教授的經驗與我有許多雷同之處；在本書三版前言中，他寫道：

　　　　大部分上我課的學生以為，歷史不過是一堆需要記憶，然後在考試上複誦的人名、地名。他們以為到圖書館查閱百科全書的條目，就可以寫一篇足以顯示他們對主題多麼了解的報告。他們無法想像自己有能力獨立思索事實……。我的工作就是教導學生，當我們研讀第一手史料——構成歷史的基本資料——了解其中的意義，並講述有關這些資料的故事時，歷史將會令人極為振奮……。教導人們書寫歷史對我而言是一項手段，向各個年齡層的學生顯示他們擁有可貴的想法，並且運用這些想法針對各項主題寫出有趣而原創的論文。

當我修改本書時，發現自己得益於過去與理查對本書所做的種種討論。為了撰寫這部已邁入第七版的作品，我發現自己再次求助理查的忠告，即使我必須因應新一代的學生而稍做改寫。我們除了對歷史研究與寫作抱持相同的熱情，也對學生讀者的理解力與記憶力——以及好奇心——抱持信心。我希望這個版本能持續反映這項信念。

此次改版有何嶄新內容

1.整合科技範圍

　　第七版比之前任何版本更為肯定電子科技與幾乎所有歷史學家作品之間的必要整合。本版不以獨立章節來探討科技角色，而是將電腦與網路視為歷史寫作過程的核心部分，幾乎每一章都涵蓋使用電腦進行寫作，以及運用網路從事研究相關的重要資訊。

2.對適當使用史料更加重視

　　本版給學生的建議持續遵循相同的基本原則，馬里厄斯教授和我都相信，這些原則是良好歷史寫作的基礎。其中一項原則——原創作品的期望——在本版具有更高的重要性，並且以單獨一個小節與一篇〈寫作者的避免抄襲檢查清單〉來進行討論與檢視。

3.修改的檢查清單

　　在本版中，寫作者檢查清單——長期以來受到讀者的歡迎——經過更新，每份清單將只專注於歷史寫作的某個特定面向。

4.更多例證引述

引述例證的數量增加，引述內容也經過改寫，提供學生寫作更有用的範本。

5.擴充的學生資源書目

同樣地，學生資源書目也受到擴充。

跟過去一樣，我急欲了解讀者使用本書的經驗。如果你對《如何寫歷史》有任何想法或問題，請寫信給我。來信請寄the History Department, East Tennessee State University, Johnson City, TN 34614。或寄到我的電子郵件信箱pagem@etsu.edu。與馬里厄斯教授一樣，我有問必答。

目錄

第一章　寫作與歷史

　　學生們總是吃力地撰寫歷史論文——不管是書評、完整的研究論文、考試，乃至於短篇的課堂作業——這通常說明了他們知道主題，只是不知道如何寫作。在我們的經驗裡，這通常意味著他們腦袋裡裝了大量的事實與資訊，卻無法根據這些事實與資訊說出故事。

　　學生們的抱怨反應了一項發現：歷史「確實」與說故事有關，事實雖然是說故事的核心，但光有事實還不夠。就算你知道有哪些軍隊經歷、在什麼地點、最後由誰勝出，你也不一定能說出戰爭的故事。即使你知道兩軍統帥的姓名與各自率領了哪些部隊，這樣還是不夠。故事必須扣人心弦，雖然戰爭具有足夠的張力，但你還需要描繪緊張的特定元素，讀者才會被你的故事吸引。兩軍為何交戰？他們希望從勝利中得到什麼？讀者可以看到緊張、擁抱兩軍相爭的描述，並且持續閱讀以了解事物的演變，他們想知道的不只是誰贏誰輸，而是結果的影響。

被認為是真實的過去的故事

　　寫作歷史時，你講述自己思索的某個主題的故事，而且有系統地陳述核心論證——或「命題」——藉以說明事物是以某種特定方式而非其他方式發生。你考慮各種可能性，是否這個或那個不發生，事物將變得完全不同。你解釋實際演變的各種事件產生了何種結果。

　　史家跟絕大多數人一樣：他們想知道事件的意義，為什麼某些事件對日後產生的結果有著重要影響，為什麼我們至今仍討論某些

事件。史家與新聞記者一樣,他們質問「何人」、「何事」、「何地」、「何時」與「何以如此」。誰該負責?發生什麼事?在哪裡發生?事件發生的時間與次序?為什麼發生這些事?通常史家還會問額外的問題,例如:其他史家對這個事件說了什麼?這些史家曾經犯了什麼錯是我們可以彌補的?史家是好奇而無情的質問者,他們思索的問題可能源自任何史料。所有的歷史寫作都始於回答有關起源、發生與結果的問題。史家發現謎團並且試圖解開謎團。當你為歷史課寫作時,你必須做相同的事——找到讓你好奇的問題,並且試著解決它。如果沒有問題,就不會有歷史論文!

思考這段從《美國歷史評論》——美國史家最重要的期刊——最近一篇文章的開頭節錄的文字。注意作者詹姆斯‧葛瑞恩教授如何清楚陳述他發現的問題,以及該問題如何觸發他寫下這篇論文。

一六九九年四月,開羅街頭爆發一場不尋常的騷亂。做為年度朝聖隊伍——護送穆斯林朝聖者穿過西奈沙漠前往阿拉伯聖城——的一部分,一支神聖行列運送著一塊新的絲綢蓋布前往麥加的卡巴或神殿。在最知名的參與者中有一群北非人,他們行經街上時造成騷動。在宗教狂熱驅使下,他們堅持將他們信守的伊斯蘭道德觀念強加在旁觀群眾身上。在選擇懲戒的目標時,他們非常特定,凡是吸菸者都成為他們毆打的對象。隨著騷動擴大,他們犯下決定性的錯誤。他們抓住當地準軍事團體的一名成員,打壞他的菸斗,而在隨後的爭吵中,甚至還毆打他的頭。圍觀

民眾顯然看不下去。即使士兵們火速趕到現場，「市場民眾」仍決定自己出面，開始攻擊這群北非人。直到一名土耳其新軍軍官抵達才結束這場暴亂，他將這群北非人送進監獄！

　　從非常不同的時空以及我們自身對菸草的關切與熱情來回顧這場事件，很難不被這種強烈情感——即便在當時，抽菸也被認為具有引誘的效果——所打動。走在今日的中東城鎮，人們絕對無法想像當地曾經發生過這樣的爭吵。現在幾乎每個人都接受抽菸是一種公共自由。沒有人會夢想把它當成一種道德禍害而加以譴責，或者將其禁絕於街頭與市場之外……，這種寬容的共識並非一蹴可幾。菸草於十六世紀末首次傳到鄂圖曼中東之後，點燃了關於合法性與道德性的激烈爭論。開羅街頭的爭吵突顯出這些意見的衝突……

　　菸草為什麼會成為引發如此激烈爭執的主角？[1]

解決這類歷史謎團同時牽涉到科學與藝術。科學是知識的同義字。然而，是什麼樣的知識？歷史包括了資料——證據、人名與地名、事物發生的時間、事物發生的地點，和從許多史料蒐集來的各種

1. James Grehan, "Smoking and 'Early Modern' Sociability: The Great Tobacco Debate in the Ottoman Middle East (Seventeenth to Eighteenth Centuries)," *The American Historical Review* 111 (2006):1352.　我們省略了葛瑞恩教授的注釋。

資訊。歷史也包括過去的史家與其他人的詮釋，寫作者在論文中處理某個主題時，也同時要處理他們的看法。歷史的藝術在於結合事實與詮釋以講述一段有關過去的故事，如葛瑞恩教授在他的文章裡所做的。

　　史家相信區別眞僞至關重要。因此他們的故事——如已故的赫克斯特教授常說的——是一段「描摹的、前後連貫的、被認爲是眞實的人類過去之描述」，[2]而與虛構的小說及短篇故事有所區別。十六世紀一些英格蘭作家稱歷史是「眞實的故事」，以區別於有關過去的想像傳說。文藝復興時代史家尋找舊文獻，研究這些文獻以判別眞實性，除去贗品，並且比對複本以找出抄寫者抄錄文本時的錯誤。他們也比對講述相同事件的不同故事。這些史家試圖訴說眞實——正如今日史家做的。

　　但在歷史研究中，「眞實」是複雜的、矛盾的，而且通常是模糊不清的。每個歷史事件只發生一次，而且與現在隔著逐日發生且不斷累積的其他事件。我們無法將過去每個事件放進實驗室裡，如同化學實驗般反覆使其發生，進行測量與計算以精確看出其間的因果關係。當我們說故事時，我們必須仰賴過去的證據——例如目擊者的記憶與當時的物品——來引導我們。但所有證據只是紀錄，它們不僅屈從於許多詮釋，甚至也在記憶矇騙目擊者下受到扭曲。我們永遠無法「確切無誤」呈現事件原貌。

　　過去事件的證據因此總是不完整的與不連續的。許多證據已經亡

---

2. J. H. Hexter, *The History Primer*, (New York: Basic Books, 1971), 5.

佚，剩餘的證據要不是逐漸消失，就是遭到曲解。史家盡可能仔細地
將證據拼湊起來，但他們試圖重建的圖畫上仍留有漏洞。他們盡其所
能地以看似合理與符合既有事實的推論來彌補漏洞。這些推論也許非
常類似曾經發生的事件，但我們無法百分之百確定我們所知的歷史是
否精確無誤地複製了過去。我們的歷史知識總是處於流動狀態，史家
總是不斷地對話，不只是與他們寫作事件的一手史料對話，也與研究
這些事件的其他史家對話。

歷史寫作是一種思維方式

　　歷史與寫作密不可分。我們不可能深入了解歷史，除非我們書寫
它。寫作允許我們排列事件與我們的思想，研讀我們的作品，去除我
們的矛盾，修正人名與地名，並且質疑詮釋，無論是我們的還是其他
史家的。透過寫作，我們完成了事件的年代順序——這不是件簡單的
任務，而是史家技藝中不可或缺的一環。另一方面，口才流利的說話
者可以先觸及一個觀念，然後再觸及另一個觀念，有時運用肢體語言
來強調某個重點。當他們的論證薄弱時，可以透過個人魅力或大聲吼
叫來壓制反對聲浪。寫作者從事的是更大膽的行動！他們必須以邏輯
與清晰來發展觀念，他們知道讀者可以反覆研讀他們的字句，審視這
些字句是否能構成一段合理的論證，如果證據存在的話。要是寫作者
不合邏輯、不公允、不可信、令人混淆或愚蠢，則他們留在紙上的字
句將受到謹慎而願意閱讀的讀者攻擊。優秀的說話者可以自我矛盾、

胡扯、顧左右而言他，當他們遭受指責時，會主張聽者誤解了他們。
然而寫作者必須努力做到清晰、邏輯與公允，否則將被抓到把柄。

　　好的寫作必須認識人類的可能與局限。因此史家寫作時通常會
假設過去的人有選擇的能力。歷史人物實際上做了什麼與他們能做什
麼，其間存在著緊張關係，而這是歷史令人興奮的原因之一。赫伯
特‧巴特菲爾德──一位受尊敬的歷史哲學家──寫道：「歷史把人
類的生活戲劇處理成個人的人格事務，使其擁有自我意識、智能與自
由。」[3]過去做為一種戲劇，每個部分都具有獨特的性質。我們研究
的每個歷史事件存在於事件自身的因果網絡中，存在於一套人與事件
的關係中，存在於事件自身的思想模式中，這些通常被社會視為理所
當然，而且經常被認為是不可改變的神明旨意。今日，雷雨在堪薩斯
大草原上呼嘯著，鎮定的電視氣象學者解釋這場風暴是冷鋒與暖鋒碰
撞的結果。在古美索不達米亞，巴比倫人從雷聲聽見他們的神祇馬爾
杜克的聲音，認為他把閃電投擲到地上。過去對各種經驗的自發回應
與今日大不相同。史家的任務之一就是思索過去人們的心靈，藉此理
解他們的經驗。

　　然而我們絕不可能完全拋棄自身的觀點；我們無法精確重建過去
對生命與世界的想法。史家勢必會把一部分的自我帶進自己講述的故
事裡；史家絕非空無一物的容器，可以讓過去的紀錄原封不動地吐出
真實的過去。史家不可避免地涉入歷史描述之中，赫克斯特稱這種情

---

3. Herbert Butterfield, *Christianity and History* (New York: Scribner's, 1950), 26.

況爲「第二手的紀錄」，它包括「史家在面對過去紀錄時帶進的一切事物」。[4]雖然這是史家作品不可避免的產物，但仍必須持續加以檢視，以免寫下的故事予人一種輕信的印象。這是一項重要測試：這些故事——連同其提供的解釋與分析——可信嗎？

　　有時，輕信會腐蝕史家的假定，例如一些經年累月的觀念使歷史描述幾乎完全聚焦於男人做的事。如果女人進入到故事之中，那是因爲她們做出一般男性史家期待男人去做的事。她們統治國家，如英格蘭的伊莉莎白女王；她們提煉了鐳，如法國的居禮夫人；她們寫了小說，如十一世紀日本的紫式部。如今，史家已轉向其他許多種類的歷史領域。隨意瀏覽一下最近幾期的《美國歷史評論》，可以看到一些討論，例如凱瑟琳・喀德利克的評論文章〈身心障礙者的歷史：爲什麼我們需要另一個「他者」〉，[5]以及其他許多技術純熟的女性史家的作品。例如亞松森・拉芙琳的《阿根廷、智利與烏拉圭的女人、女性主義與社會變遷，一八九〇～一九四〇年》，[6]提供了女性主義史的洞見。這些主題在一個世紀前還被傳統男性史家斥爲末流，但今日卻在嚴肅的歷史研究中占有尊崇與迷人的地位。類似的情況，如約翰・松頓這位史家在他的《大西洋世界形成時的非洲與非洲人，一四〇〇～一六八〇年》中，[7]研究非洲裔在許多社會裡扮演的角色，另

4. Hexter 79.
5. Catherine J. Kudlick, "Disability History: Why We Need Another 'Other,'" *The American Historical Review* 108 (2003): 763-793.
6. Asunción Lavrin, *Women, Feminism, and Social Change in Argentina, Chile, and Uruguay, 1890-1940* (Lincoln: University of Nebraska Press, 1995).
7. John Thornton, *Africa and Africans in the Making of the Atlantic World, 1400-1680*, 2nd ed. (Cambridge: Cambridge University Press, 1998).

外還有一些史家撰寫移民史、勞工史、性史以及時尚或運動的歷史。從這些以及更多的例子可以看出史家致力揭露更多可能的人類經驗，並且引導歷史專業走出昔日為了了解過去，我們只需了解少數白人男性領袖的人格與決策的觀念。

　　無論主題為何，歷史研究是永無止盡的偵探故事。史家試圖從證據中解決謎團，並且講述一段能理清從過去承襲的混亂資料的故事。史家做出連結、認定原因、追溯瑕疵、進行比對、揭露模式、確認無解，並且找出持續數個世代一直延續至今的影響。在這個過程中，史家的心靈投注於史料上，對證據做出深思熟慮的判斷，而且寫作數篇與他們認為既可信又真實的過去有關的故事。

　　你也是藉由閱讀與寫作而遭遇歷史。藉由閱讀書籍與文章，你逐漸掌握過去的形貌與事物賴以發生的一般架構。當你閱讀其他史家的作品時，你也發展出有關歷史寫作的知識寶庫，你可以援引這些知識來增益自己的論文。寫作幫助我們思考我們知道的事物，當然它也幫助你的指導老師了解，你知道什麼以及你如何思考。在歷史課堂上，你可能被要求書寫或許只有一到兩頁的短篇論文——不是家庭作業就是課堂習作——通常是指定讀物的心得報告。有時候你的寫作會採取考試回答問題的論文形式。偶爾你會被要求評論一本歷史書籍，不是自己選擇就是老師指定。通常你也會被要求準備更長篇幅的報告，你必須在學校圖書館、網路上與其他地方進行研究。

　　儘管你寫作過去時可以採取各種形式，但任何形式的歷史論文都必須遵守幾項基本原則。或許最重要的是，思考過去是寫作歷史的關鍵。因此，本書所提不僅與歷史研究方法有關，也與寫作方法有關。

本書應該能幫助你理解一般性的問題，它們是一切歷史研究的基礎；它也應該能幫助你在學院或大學課程裡從事寫作。它應該能使你成為更好的偵探與更好的說故事者，這些數量繁多的故事拼湊起來構成對過去的研究。我們將討論你可以在自己的大學圖書館或網路上進行的研究，其中包括以一個小節來討論如何在閱讀與研究時做筆記。我們的重點在於如何使用這些筆記以及你既有的知識，來完成你的研究報告、短篇論文以及歷史課堂上的考試。

歷史論文的基本原則

顯然，歷史不只是過去發生的一連串事實的集合。它是寫作者對事實的詮釋，這些詮釋引發疑問與好奇，並且讓我們質問「何人」、「何事」、「何地」、「何時」與「何以如此」。寫作者的詮釋應專注在核心論證或「命題」上，命題能使論文所有內容合而為一。無論你寫的論文是什麼，一旦你發展出約束整篇論文的命題，有六項關鍵原則可以協助檢視你的寫作是否符合讀者（包括你的指導老師）閱讀歷史論文時的期望。不要讓他們失望，以下列標準來指引自己的寫作。

一、好的歷史論文聚焦於有限的主題上

你可以發展出歷史發現的震撼感，前提是你的主題必須充分限

制，如此才能容許你仔細地研究與思考史料。如果你能自己選擇主題，那麼就選擇你有時間與空間來處理的題目；不僅回答申論題是如此，寫論文也是如此，你要允許自己有更多時間發展想法。有時你的指導老師會指定你的論文題目。通常這類規定的題目已相當聚焦，然而即使這些題目不夠限縮，你還是可以找到方法來限制自己準備的論文。

史家通常會使用非常特定的研究來探討廣泛的問題，例如你可以看到查爾斯・安伯勒發表於《美國歷史評論》的論文〈大眾電影與殖民地觀眾：北羅德西亞的電影〉。安伯勒教授在一開頭就非常特定：

> 一九四〇與五〇年代，凡是造訪中非北羅德西亞（尚比亞）殖民地銅礦城市的人，不可避免地發現當地充滿美國電影衝擊的明顯印記。在巨大的公司圍地裡（容納了銅礦帶上的非洲礦工與他們的家人），幾群非洲男孩「穿著自製的紙『套褲』與牛仔帽，拿著粗製的木手槍」，他們到處可見，不斷玩著牛仔與印第安人遊戲，在街頭與巷弄間奔跑嬉鬧。其他的孩子看起來「較為不幸……眼睛蒙著黑色眼罩，腰帶插著木製匕首」。當他們在虛假戰爭中酣戰之際，可以聽見他們喊著「吉克，吉克」——「傑克」在當地的訛音——在英屬中非殖民地的都市電影迷心中，這個名字是牛仔電影男主角的普世象徵。在相同的街頭，年輕男子的服裝風格清楚顯示西部與黑幫電影的影響——寬邊牛仔帽、方圍巾等等。

　　　　這種「銅礦帶牛仔」現象及其在英屬非洲絕大多數都
市地區的展現，生動地證明神話般的好萊塢電影快速而深
入地穿透到甚至非常遙遠的帝國角落。

　　然而，安伯勒教授又在下一段謹慎地確認，俾使讀者了解他論文
的特定焦點具有更廣泛的歷史目的，他「選擇北羅德西亞電影娛樂的
歷史，爲的是探索在殖民主義脈絡下，西方大衆文化的傳播與接受的
廣泛問題」。[8]這正是一種可以用來聚焦論文的技術。有句箴言可以
送給每一位年輕史家：如果你想做的研究太多，你將一事無成。經常
與你的指導老師討論論文，特別是你的長篇論文，將可協助你適當地
聚焦寫作的範圍。
　　讓你的焦點保持清晰，應該也能引導你做出與你論文最初重點呼
應的結論。一旦你已引介你希望思考的問題，就應該清楚講述故事以
吸引你的讀者。不過歷史論文的寫作者不應寫出令人驚訝的結論！經
驗不足的寫作者經常禁不起誘惑，他們要不是隱瞞必要資訊，就是以
其他資訊讓讀者分心，企圖阻礙讀者猜測故事的走向。這種做法令人
惱火，專業史家絕不使用這種方法。歷史論文的高潮，通常是最後部
分的資料能夠分毫不差地填充到故事中，寫作者的論點可以完美地由
他或她的知識來加以證明。論文在高潮之後隨即結束，因爲一旦論點
獲得證明，接下來要做的只有對反映這篇論文如何開始的事件與觀念

8. Charles Ambler, "Popular Films and Colonial Audiences: The Movies in Northern Rhodesia," *The American Historical Review* 106 (2001):81-82. 我們省略了安伯勒教授的史料引用出處。

的意義進行總結。

　　例如，當安伯勒教授呈現電影的故事與電影對北羅德西亞的影響之後，他來到整篇論文的高潮所在，然後馬上返回他在論文一開頭提到的重點，最後做出總結：

> 　　在後殖民時期的尚比亞，電視的引進與更晚近的小型錄影帶出租店和個人錄放影機的激增，快速地將電影院──正式的電影放映──推向娛樂事業的邊緣。當前流行的功夫片與其他當代動作片逐漸凌駕對牛仔電影的昔日深厚情感，這種情感表現在幾個世代以來銅礦帶工業城鎮與其他東非、中非與南非觀眾對這類型電影的支持上。然而，如果非洲觀眾在一九四〇與五〇年代接觸電影時，缺乏今日尚比亞與其餘非洲南部國家特有的媒體多元與片斷流通的複雜性，那麼很明顯地，觀眾觀賞視覺媒體的關鍵過程便會發展出只看西部片的狀況。[9]

當然，協調論文的開頭與結尾，卻不仔細注意頭尾之間的部分，也不足以讓讀者留下深刻印象。好的寫作必定引領你走過一段探索的過程，提供資訊使你遵循寫作者的引導，最後達至高潮，此時一切的內容全聚合在一起。讀者不僅想知道事物的結果，也想知道事物如何發

9. Amber 105.

生。

二、歷史論文應該具備清楚陳述的論證

　　史家以論文來詮釋某件他們希望讀者知道與過去有關的事物。他們提供資料——來自史料的資訊——以及與證據意義相關的論證。「論證」在這裡不是指憤怒、侮辱性的爭論，彷彿與你意見不合的就是傻子。論證毋寧是寫作者想告訴讀者的主要事物，也就是寫作論文的理由。論證是寫作者希望讀者接受的論文命題。別滿足於講述他人已說過幾百遍的故事，這類故事你大可從百科全書複印，其目的只是讓你知道事實。從證據中找出疑點，並且試著解決這個疑點或說明它何以令人不解。提出問題並試著解答，但解決的方式必須直截了當。

　　好的論文會快速設定場景，顯示待解的緊張關係，並且往解決問題的方向走去。有些寫作者花了很長的篇幅介紹自己的論文，使讀者在進入寫作者實際的開場白之前就失去興趣。他們拚命鏟出大量背景資訊或冗長的前人學術成果，藉此證明寫作者確實研究過這個問題；要不然就是為這個主題提出某種道德理由，彷彿表明自己站在正義的一方。最好的寫作者有話要說，但一開始就會迅速把話說完。讀者應該在第一段就知道你的一般主題，並且通常在第二段會知道為什麼你要寫這篇論文以及你希望提出的論點。

　　思考蕾歐拉‧歐斯蘭德教授在最近一期《美國歷史評論》發表的論文的開場白。她很快地清楚提出她從史家的慣常實踐中看到的問題，然後直接進入她的命題：

　　史家基於專業，對事物存有懷疑。文字是史家慣用的工具。當然這不是說史家從不仰賴非語言的史料。從十九世紀考古證據的使用到馬克・布洛克的卓越觀念——錯綜複雜的中古時代土地所有制模式，可以藉由小飛機俯瞰戰間期的法國鄉野來加以辨識——史家注視的範圍超越了檔案室與圖書館的收藏。上古、中古與近代初期世界的學者，以及科學與科技的學者——他們的文字史料是有限的，或者留下的史料是物質的——把證據疆界推廣到最遠處，雖然有些現代主義者與社會和文化史家也使用視覺、物質與音樂史料。儘管有這些新看法，絕大多數史家仍視文字為最值得信賴與最富含資訊的史料；其他史料只能做為實例或補充資料。

　　相對之下，我在此主張，擴展正統史料的範圍可以為熟悉的歷史問題提供更好的答案，也能改變我們提出的問題本質，以及我們獲得有關過去的知識種類。人類每一種表達形式各有其獨特的屬性與特質；將我們的證據基礎限制在其中一種形式——語言——將使我們無法捕捉人類經驗的重要向度，我們對重要歷史問題的解釋將變得貧乏。在語言外的範疇裡，我將特別為物質文化的功用與重要性做出論證。**10**

10.Leora Auslander, "Beyond Words," *The American Historical Review* 110 (2005): 1015.

她在第二段開始即提出她的命題,然後約略描述她將在文中提出的論證來進行說明。

　　仔細留意這個例子。一旦你開始動筆寫作,不要離題。專注在主題上。確定論文的每項內容有助於你的主要目的,讓讀者了解你寫下的每項內容與你的主要目的具有關聯性。不要夢想自己必須把所知的一切塞進一篇論文裡。一篇論文只能有一個重點。沒有理由傾洩所有的事實,彷彿把桶子裡的東西全倒在桌上一樣。如歐斯蘭德的結論所言,史家必須致力於「理解、詮釋,或許甚至還要超越文本或物件來解釋這個世界」。**11**

　　而如她的論文所言,即使史家尋求「語言外」的證據,他們最後還是得清晰地「寫下」自己的結論。

三、歷史論文一步一步建立在經過審慎認識的證據上

　　你還必須給予讀者理由,相信你的故事。你的讀者必須相信你是這篇呈現在他們眼前的論文之權威。你不能不假思索地撰寫歷史,你必須支持自己的看法,才能公開地展示它們。要做到這點,你必須掌握你的證據,清晰而謹慎地呈現它們,充分承認你在哪裡發現它們。但,什麼是證據?這個問題是複雜的。證據是來自一手與二手史料的詳細事實資訊。一手史料是最接近任何調查主題的文本。二手史料的寫作總是「關聯著」一手史料。例如,一篇關於十九世紀初墨西哥革

11.Auslander 1045.

命分子埃米里亞諾‧薩帕塔的論文，一手史料是薩帕塔自己的書信、演說與其他文章，或許還包括他擁有或製作的物品。二手史料是學者——例如約翰‧沃麥克與山謬‧布朗克，他們的學術成就建立在研究薩帕塔的運動與遭到暗殺上——的作品與文章。永遠牢記，好的論文與報告是以一手史料爲基礎；因此對於這類主題而言，你要思考的不只是沃麥克與布朗克教授的作品，可能的話還要包括薩帕塔自己的作品。

　　在寫作研究論文時，你必須篩選所有可用的史料，不管是一手還是二手，決定何者可信何者不可信，何者有用何者無用，以及如何將這些史料使用於你的作品中。在撰寫短篇論文時，例如考試的申論題，你必須記住自己知道什麼證據並且加以提出。當你提出概括性的說法時，要馬上引用、摘要或提出史料以爲佐證。概括性的說法如果沒有特定證據做爲內容，無法取信於人。

　　證據俯拾皆是。女人與男人（無論其地位尊卑）的書信與文件構成他們所處時代的重要紀錄，從古典時代到今日，許多這類證據的收藏都已出版。書信與日記是吸引人的讀物，尤其如果它們涵蓋了相當長的時間，這些史料對史家而言猶如金礦。你可以挑選一項主題，然後遵循寫作者對該主題的想法；或者，你可以挑選與該主題相關的事件，在大學歷史課上寫作一篇出色的報告。同樣地，報紙（許多報紙以微卷或數位形式保存）通常會提出與眾不同的對過去之見解，這些見解可以刺激你的好奇心，並且協助你有系統地陳述問題，進而寫出好的歷史論文。報紙也能提供重要的細節，用來補足既有的其他史料。

　　地方史的史料大量存在於法院、日記、信件、稅捐紀錄、城市人名錄與無數其他紀錄中。這些史料提供了細節，通常是微小的細節，這些細節能讓過去在轉瞬間重現生氣。此外，別忘了訪談在寫作歷史時的力量。如果你寫的是過去五十或六十年的歷史事件，通常只需一點努力就能找到某位參與其中的人士。參與者通常樂意分享他們的故事，而他們的故事可以說明整個國家的主要社會運動。你可以在地方史出版品、報紙或檔案館找到過去訪談的副本。但要牢記，參與者可能出錯，這些錯誤要不是出現在訪談中，就是出現在他們對自身經驗的寫作上。人類會遺忘，也會說故事抬高自己，有時還會說謊。史家總是多疑地檢視故事，即使是目擊者的說法也不輕信。在這種情況下，通常你會肯定二手史料也有其核心價值。你應該查閱那些曾研究過你想撰寫主題的史家作品與文章，這些書籍與文章可以幫助你學習如何思考歷史，並且提供許多你用得著的資訊。

　　史家謹慎地從數量龐大的可得史料中挑出最適當的證據，將它們拼湊起來創造出故事──它是解釋，也是論證。然後，史家以腳註、尾註或寫進文本的歸屬來標明文獻出處。然而，即使在寫作之時也應記住，想為作品取得權威，你必須證明你「同時」熟悉一手史料與其他曾研究過相同資料的作者作品。但是你提出證據支持自己論點的信心，只能跟你的讀者信任你的研究一樣。如果你輕率摘錄證據或甚至弄錯證據，你將失去理智讀者的尊敬。史家麥可‧貝勒茲勒斯近來的經驗，對年輕史家極具教育意義。

　　貝勒茲勒斯教授的作品，《武裝美國：全國槍枝文化的起源》，在二○○○年出版後，幾乎立即受到廣泛讚譽，而他的論點

——美國「槍枝文化」是南北戰爭後才發展起來——使他陷入政治爭論，許多相信美國擁槍文化早於美國憲法的人士反對他的說法。在爭論中，史家們開始檢視他對證據的使用，卻發現諸多疑點：檔案引用不精確、文獻解讀有誤、根據有限的法院紀錄樣本提出概括說法，以及資料紀錄草率馬虎。雖然貝勒茲勒斯教授提出幾點聲明做為辯護，卻不足以平息爭議，而聲譽卓著的班克洛夫特歷史寫作獎評議會也收回原先頒給他的獎項。**12**

　　貝勒茲勒斯的悲慘經驗可為警惕。你必須確定自己已經將查閱過的史料仔細做了筆記。重要的是，你必須清楚知道你得到的資訊出自哪些史料，你必須正確引用你直接從史料抄錄的任何資料。不僅為文字史料做筆記時應該如此，從越來越多可用的電子資源取得資訊時也該如此。兩者均需特別謹慎。

　　說明史料出處對歷史寫作至關重要，但一般認定屬於常識的內容則毋需說明出處。馬丁路德生於一四八三年十一月十日。日本於一九四一年十二月七日星期日早晨攻擊夏威夷珍珠港。卓拉・尼爾・赫斯頓寫了小說《他們的眼睛望著上帝》。這類資訊是常識。它們沒有爭議，凡是知道這類主題的人都知道這些資訊，而且容易檢證。你也許會發現自己從這類主題得到的觀念與你閱讀二手史料得到的觀念不盡相同，因此，你應該標明這些二手史料的出處，並且——要不是在腳註中，就是在本文裡——指出二手史料與你的作品之間的異同。

12.關於這場爭議的各種觀點，見*"Forum*: Historians and Guns," *William and Mary Quarterly* 59 (2002): 203-268.

四、歷史論文反映作者不受情感左右的思想

　　雖然你應仔細留意之前的史家針對某個主題做出什麼研究，但不應只告訴你的讀者這些史家針對你的主題提出什麼看法，如此將令他們感到失望。試著向讀者顯示，閱讀你的作品可以讓他們學到新的知識，或者能以新的觀點了解舊的知識，而這就是你以自己的力量研究與思索該主題得出的成果。

　　我們在教學上發現一件最令人難過的事，就是有太多學生相信自己無法從主題中找出新穎而有趣的內容。他們不相信自己。他們無法表達想法，除非他們已經在別的地方讀到這類想法。缺乏自信的理由之一，在於有些學生堅持撰寫其他人已經寫過幾百遍的巨大而概括的題目。除非是到每一所學院或大學圖書館搜尋，你才能找到幾乎沒人寫過的主題的證據。你或許找不到新事實，但你可以仔細思考你掌握的事實，並且想出嶄新而有趣的內容。你可以看見新的關係。你可以看見其他人遺漏的原因、結果與之間的連結。你可以反思動機與影響。你可以找到一些史料避而不談的地方。你可以根據你累積的證據（背後必須具有一定的權威）呈現你自己的結論。

　　有些學生到圖書館查閱主題廣泛的資訊，例如南北戰爭的起因，然後便開始東抄西寫。他們將所有的資訊拼湊起來，展現的不是自己的想法，而是抄寫工夫的靈巧。他們重述已講過數千次的故事，他們呈現的不是從未在別處讀過的想法。為什麼不閱讀密西西比州參議員傑佛遜‧戴維斯在美國參議院的演說，他辭去參議員一職成為美利堅邦聯的總統？你也許可以用一篇文章解釋他主張分裂的理由——

看你能不能想出他的遺漏之處。如此你可以寫出一篇有想法的論文。但不要高興得太早，除非你寫出的故事完全不同於該領域百科全書或教科書上的故事。

提供自己原創的觀念，不表示你的文章要充滿個人情感。史家與自己寫作的人物與時代融為一體，而且通常研究歷史時會產生情感。寫作過去時，你臧否人物並且判定他們的善惡。傳達這些判斷的最佳方式是講述這些人做過的事或說過的話。你毋需證明自己站在善的一方。你應該信任你的讀者。如果你描述的人物做了可怕的事，讀者可以看到邪惡，前提是你告訴他們細節。如果人物做了高尚的事，你的讀者也能看出這點，不需要你親自做出情感上的堅持。只要採取所有優秀史家的取徑，試著講述實際上發生了什麼事。

當然，如果你研究某個議題夠久、夠仔細，你會對這個議題產生看法。你會認為自己知道事件發生的原因，或自己了解某人。你可能對人物或結果發展出強烈的個人觀點。然而歷史證據很少完全集中在議題的一方，特別是比較有趣的歷史問題。證據的各個部分通常彼此矛盾；周延地運用你的判斷力，意味著你必須公允地看待這種矛盾。如果你做不到，理智的讀者可能認為你輕率、能力不足，或甚至不誠實。歷史不是一件無縫的衣服。過去——或幾乎所有事物——的知識存在著隆起、裂縫與空白處，即使史家盡力做出前後一貫的描述，這些罅隙依舊存在。

同樣地，不同史家會以不同方式詮釋相同的資料。因此，看到嶄新而不同的對過去之詮釋時不用覺得奇怪，有時這包括了新證據，有時是重新思考著名證據的意義。這種「修正主義」的做法，就研究過

去的取徑而言，幾乎不能算是危險，如報章雜誌偶爾抨擊的；它毋寧是寫作歷史的正常現象。喬伊絲・艾波比、琳・杭特與瑪格麗特・傑寇布——前兩位是前美國歷史學會會長——提到，「與其說史家經常修改歷史知識，不如說他們將當代的看法重新注入到歷史之中。」[13]但史家這麼做的時候，也會謹慎處理與考量其他觀點。思考卡蜜拉・湯森德最近在《美國歷史評論》發表的一篇文章〈埋葬白神：墨西哥征服的新視角〉的開頭段落：

> 　　一五五二年，弗朗契斯科・羅佩茲・德・戈馬拉——他在艾爾蘭多・寇特斯於西班牙度過晚年時擔任他的牧師與祕書——出版了一篇墨西哥征服的描述。德・戈馬拉自己從未去過新世界，儘管如此，他卻做出想像。「當時許多（印第安人）前來觀看這些陌生人——這些人現在已如此知名——並且觀看他們的服裝、武器與馬匹，他們說：『這些人是神！』」德・戈馬拉首次在出版品中提出墨西哥人相信征服者是神的說法。在舊世界發表的有關新世界居民的各種混亂陳述中，這種說法特別引起共鳴。人們熱切地複述這項說法，之後很快出現一個人們深信不疑的特定版本：墨西哥人顯然信奉一個名叫喀策爾寇阿特爾的神祇，祂在東方消失了很長一段時間，承諾在某個時候從

13.Joyce Appleby, Lynn Hunt, and Margaret Jacob, *Telling the Truth About History* (New York: W. W. Norton, 1994), 265.

東方回來。極為湊巧地，寇特斯在喀策爾寇阿特爾承諾出現那年，正好出現在岸邊，於是被虔誠的印第安人誤認為神。時至今日，美國、歐洲與拉丁美洲絕大多數受過教育的民眾都熟悉這段描述，本文讀者想必也知之甚詳。然而事實上，幾乎沒有證據顯示原住民曾認真相信這些外來者是神，也沒有任何有意義的證據顯示，任何關於喀策爾寇阿特爾將從東方回來的故事曾存在於征服之前。研究早期墨西哥歷史的學者知道這點，但其他人並不知情。這段受人珍視的敘事仍廣為流傳，急需進行批判性的檢視。[14]

湯森德教授的取徑，說明了史家以非常理智的方式將自己的新觀念帶進論文之中。你也可以這麼做。你不會因為承認了不同的觀點而削弱自己的論證。相反地，如果你向讀者顯示你知道其他人說了什麼，即使他們的意見與你相左，你還是鞏固了自己的論點。如果你誠實處理相反意見，讀者會相信你；如果你假裝這些矛盾不存在，他們會輕視你的作品。這個忠告可以用一項簡單的原則來表達：要誠實，不要驕傲。沒有任何事會比寫作者不客觀更能讓讀者掉頭離去。

14.Camilla Townsend, "Burying the White Gods: New Perspectives on he Conquest of Mexico," *The American Historical Review* 108 (2003):659.

五、歷史論文的寫作應該清晰，寫作者要知道自己針對的是哪些讀者

　　如果讀者在閱讀時一直被這些問題所困擾，那麼他們也會拂袖而去：這個字拼對了嗎？爲什麼這裡少了一個逗號？這個字適合用在這裡嗎？閱讀──如同寫作──是辛苦的工作，特別當內容的密度極高或複雜時，這種狀況在歷史課相當常見。讀者總想知道寫作者說了什麼。對慣例──例如文法與標點符號的普遍用法──輕率以對，或許不會對寫作者構成困擾，因爲他們認爲自己知道自己想說什麼。但這麼做等於棄讀者於不顧。

　　學生抱怨指導老師要求他們遵守慣例，這種態度最後受害最大的還是自己。走出校門之後，你的寫作使你遭受嚴苛的批評，原因莫過於對慣例嗤之以鼻。大多數人以爲自己的想法極具說服力，即使寫作再怎麼馬虎，別人也無法拒絕。然而如果你想藉由應徵文件、報告或書信使讀者對你產生深刻印象，那麼這麼做只會造成反效果。不過，光是閱讀我們的建議或聆聽你的指導老師的忠告是不夠的。你必須積極運用這些建議以及其他資訊，例如布萊恩‧加爾納在最新十五版的《芝加哥格式手冊》中的出色論文。[15]

　　另一方面，這表示你應該尊重你寫作時預期的讀者。不同的論文有不同的讀者；必須思考你預期的讀者已經知道什麼。正如你在寫作

15.Bryan A. Garner, "Grammar and Usage," in *The Chicago Manual of Style*, 145-237 (Chicago: University of Chicago Press, 2003).

中傳達了「隱含作者」給你的讀者，你的心裡也應該以隱含讀者——某個你認爲可能會閱讀你的作品的人——爲對象來寫作。在大多數歷史課堂上，你應該爲你的指導老師與其他對你的主題有興趣的學生寫作，而非該領域的專家學者。定義重要詞彙；給予充足的資訊爲你的論文提供脈絡；簡介史料，但不要迷失在你的讀者已經知道的背景資訊中。你的首要之務是把自己想像成讀者，思索你可能閱讀與相信的事物，然後依此寫作。

這不是件簡單的任務。主要原則是，你必須決定你想告訴讀者什麼，以及你認爲讀者已經知道什麼。例如，如果你寫了一篇對小馬丁‧路德‧金恩《來自伯明罕監獄的信》的詮釋，你會讓讀者感到厭煩，如果你寫作的方式彷彿讀者從未聽過金恩博士，甚至會讓人有冒犯的感覺。同樣地，你不會告訴你的讀者莎士比亞是英格蘭劇作家，或尼爾森‧曼德拉是南非第一位黑人總統。

我們告訴學生，他們應該寫出一篇讓朋友或配偶閱讀時獲得好像閱讀嚴肅雜誌上的文章一樣，相同的理解與愉快。論文本身應該完整；重要的詞彙應該定義；論文引用或提及的人物必須加以解釋——除非一般人耳熟能詳；所有必要的資訊應該囊括在內。試著想像某個朋友偶然間拿起你的論文，結果居然停不下來，直到文章讀完爲止。讓其他人閱讀你的作品並且向你回報他們的心得感想，也是個不錯的做法；他們或許也能提出改善你的寫作的建議！

然而，讓別人閱讀你的論文並加以評論，並不能改變你必須仔細校對自己文章的責任。反覆閱讀以找出拼錯的字彙、文法上的錯誤、誤植，以及你不小心漏字的地方（最近使用電腦寫作的普遍錯誤）。

使用文字處理程式來檢查你的拼字（與文法）。但要記住，電腦不能取代人腦，雖然它可以趕在讀者之前協助你找出寫作的問題。

這些用來寫作好論文的原則，應該可以對你產生相當大的幫助。當你寫作歷史論文時，要牢記這些原則。以下這份簡短摘要的檢查清單可以幫助你在寫作時留意這些原則：

寫作者的基本原則檢查清單

____ √　我是否充分限縮我的主題？
____ √　我的論文是否首尾呼應？
____ √　我是否清楚地陳述論證？
____ √　我對主題的看法清楚嗎？
____ √　我的論文所根據的證據清楚嗎？
____ √　我是否標明史料出處？
____ √　我的寫作是否不受情感左右？
____ √　我有沒有提及他人的觀點？
____ √　我的寫作是否清晰，是否遵循書面英文的共同慣例？
____ √　我是否經常思考自己的預期讀者是誰？

避免抄襲

即使你已成功遵循歷史論文的基本原則，但在破壞寫作的事物中，沒有一項比得上因匆促或擔心自己無法勝任而產生的魯莽輕率。

經常出現的結果就是「抄襲」——把別人的想法或文字當成自己的而加以發表——這是寫作中最嚴重的欺騙。近年來，幾位著名史家，包括多莉絲·基恩斯·古德溫與已故的史帝芬·安布羅斯，都被迫承認由於個人的疏失，他們的作品有部分抄襲其他作家的作品。主張自己在說故事時犯了粗心與過度投入的毛病——如安布羅斯教授所言——完全不足以讓人信服。讀者理所當然對他有更高的要求，而他們對你亦是如此。通常被自己剽竊抄襲的對象告上法院的作者，都要付出高昂的代價與困窘的結果。無論如何，這種剽竊智慧財產權的行為很難被人遺忘。

艾力克斯·赫利是個著例。他宣稱他的作品《根》是出自他對祖先歷史的調查，他的祖先原是來自非洲的奴隸。《根》被拍攝成電視的迷你影集，它在一九七七年連續十二天以上在晚間播映，吸引了數百萬美國民眾觀賞；影集的成功似乎也使美國各地的非裔美國人歷史開始復甦。然而，赫利卻被指控剽竊，並且支付了六十五萬美元民事賠償給遭到抄襲的作者。史家更進一步調查發現，赫利還捏造證據，當他在一九九二年去世時，他的學界名聲已經破產。重要的史家通常不會引用他的作品，就連赫利位於田納西州諾克斯維爾——接近他的家鄉——的小型紀念碑，都忽視任何他可能是個史家的主張。碑文上只描述他是「新聞記者與小說家，塑造了當代非裔美國人的意識」。赫利與其他史家的悲傷例證，應成為所有寫作者的警惕：要仔細認清與標明你的史料！

這些最近出現的抄襲事例似乎不足以遏止抄襲的氣燄，就連我們的學生也是如此。或許抄襲的爭議對他們而言不過是無足輕重的理

論或道德兩難，或許他們認為自己不會被抓。或許他們的結論是，既然一些著名的史家（例如古德溫教授）承認抄襲後還能繼續他們的成功事業，那麼自己當然也能避免嚴重的後果。聯邦法官理查·波斯納——他最近寫了一本關於抄襲的小書——認為，抄襲的學生之所以這麼做，主要是為了「省時、獲得更好的成績，或兩者兼有」。[16]如果你面臨類似的兩難，記住，在學院與大學，抄襲的懲罰非常嚴厲。抄襲者通常會被傳喚到紀律委員會，有時會被強迫休學一學期或更久，而且抄襲通常會在學籍上留下永久紀錄。那些被指控抄襲的人——他們要不是不了解問題的嚴重性，就是不知道自己犯了錯——幾乎不會真正地懺悔。

　　更好的做法是循序漸進地避免任何可能的抄襲。即使只是對史料出處做筆記，就是避免抄襲的開始。特別注意，絕大多數的筆記要用自己的話來記錄。「總是」要把從史料裡直接抄錄的資料在筆記裡括上引號，並且標明這些文字是引文。如果日後在論文裡一字不漏使用這些資料，一如你將這些文字從史料抄錄到筆記裡——即使只是一小段文字或句子——就必須在論文裡括上引號，並且清楚標明你引用的史料來源。此外要注意的是，當必須刪除引文裡的文字時，要使用刪節號（……），要在引文裡插入文字時，要使用夾注號（〔　〕）。之後，當你寫作時，筆記可以置於一旁，用你自己的話來表達，之後再回頭檢查你根據筆記寫下的文字與史料裡的文字。

16.Richard A. Posner, *The Little Book of Plagiarism* (New York: Pantheon Books, 2007), 89.

　　另外還要牢記的是，無論你如何保存筆記、電子研究與寫作，科技的進步也帶來相應的危險。尤其，「複製貼上」的簡易操作可以捕捉電子文件，並且將其從一個檔案（或甚至是網頁）移動到另一個檔案，這構成了將大篇幅史料直接移往筆記的誘因。如果你使用這項技術，一定要使用引號，並且將筆記內容標示成引文。未能做到這點，可能導致粗心地把某些資料直接複製到你的論文裡，使人誤以為那些文字出自你的手筆。如果你過於輕率，將犯下抄襲的錯誤。記住：避免這類錯誤是「你的」責任。

　　為了避免你在使用電子（或其他任何）資料時養成輕率的習慣，你必須知道現在越來越常使用一種 Turnitin 以及類似的系統，讓你跟指導老師能檢查論文的原創性。一些學院與大學把這套系統當成校園管理的一環，但個別的指導老師也可以使用。即使你沒有經由 Turnitin 的介面傳輸你的論文，你的文章仍會經由你的指導老師直接上傳。你的作品將被拿來與大部分的公共網路內容、許多以訂閱為基礎的供應者（包括寫作付費網站），以及之前傳輸到 Turnitin 的文章做比對。另外還有大量的出版品資料庫可供比對。這些比對的報告——包括與原著進行一對一的比對——可以提供給你的指導老師，有時也可以提供給你。因此，Turnitin 提供了資源以快速檢查你的作品的原創性。了解這種系統的存在，應該能激勵你謹慎努力從事原創的寫作。

　　我們最佳的忠告是，為了避免受到抄襲的指控，你應該確認你的論文是你自己的作品，即使你進行改寫或用自己的話表達別人的觀念，也必須說明你是從誰的作品得到這些觀念。如彼得‧霍佛教授的

建議，改寫必須「非常謹慎⋯⋯以避免陷於抄襲」：

> 改寫很容易產生各種錯誤。尤其在研究過程中，改寫的文字很可能被作者誤認為是自己的觀念或語言，因此在未標明出處的狀況下原封不動地寫進作者的論文中。馬賽克式的改寫是將各種二手史料的引文拼貼在一起，而近似的改寫是將其他作者的話更動一到兩個字，或重新使用卻未加上引號，這些都構成抄襲。
>
> 在出版品中，所有的改寫，無論內容多長或引用的作品多繁雜，都必須標明史料出處，其清晰與精確的程度要跟直接引用史料一樣。[17]

然而，改寫與摘要的過程有時難以掌握。以下的例子可以讓你了解，在研究與寫作時如何改寫，以避免抄襲的問題。這是出自世界史家傑里・本特利作品的一個段落：

> 從十五世紀開始，某種程度上一直持續到今日，新的科技型態與新的疾病類型在歐洲人與非西方民族來往的過程中，一直眷顧著前者。歐洲人掌握的科技並非絕對新穎，其起源亦非總出自歐洲。絕大多數的科技最遠可追

17.Peter Charles Hoffer, "Reflections on Plagiarism-Part 1: 'A Guide for the Perplexed,'" *Perspectives: Newsmagazine of the American Historical Association* 42, no. 2 (February 2004): 19.

溯到唐宋的發明：火藥、羅盤、艉柱舵以及其他航海科
技的元素，終究全來自中國。其他科技也來自東方，其中
最有名的是拉丁帆，它源自印度洋，經由阿拉伯商人與水
手的傳播來到地中海。歐洲人借用船舶與軍事科技，但經
過改良、累積與整合之後，使他們的科技進展到至少可以
匹敵，而且絕大多數的狀況下甚至超越其他民族的科技發
展。當歐洲人於十五世紀冒險橫越大西洋時，他們不僅擁
有極容易操作的船隻、繪製航線（至少達到近似）與安全
返航必需的儀器，他們還能運用強大的武器，粉碎與打擊
那些從未見過如此具摧毀性兵器的民族。精妙的船舶與軍
事科技並未讓歐洲人支配他們遭遇的一切民族──至少在
十九世紀發展出蒸汽船與先進武器前是如此──但卻保證了
西方在世界的長期霸權。[18]

以下是你摘要這個段落的可能方式，改寫時盡可能用自己的話來表
達：

　　傑里‧本特利提出一個堅強的論點，歐洲帝國主義植
根於科技。絕大多數的關鍵發明，例如軍事與船舶設備，
都是借用的，然後由歐洲的工匠加以調整改良。這些發展

18.Jerry H. Bentley, *Old World Encounters* (New York: Oxford University Press, 1993), 183.

使他們在遭遇其他民族時占盡優勢，並且征服了這些民
族。**18**

即使並非直接引用，這些觀念也明顯來自本特利的作品。在做這類摘
要時，你「必須」標明這是引用本特利的作品，實際上等於表示我是
從他的作品得到這些觀念。在論文裡，這種引用方式通常比標出一段
直接引文的出處來得常見。也就是說，你進行改寫或摘要的機會要比
直接引用來得大。記住，改寫或引用時一定要標明出處！

　　有時，學生寫作者會產生這種結論：只要使用大量引文與腳註
或尾註，必能確保自己不會在無意間犯下抄襲的錯誤。這種謹慎態度
是正確的第一步，但也減損了寫作的品質。你應該盡可能減少直接
引文，只有在它們有助於論文核心目的時才引用。標明史料出處——
顯然相當重要——也應該盡可能減少，除非必要，否則毋需謹慎地說
明出處。有些學生遵循寫作專家的建議，在開始呈現引文（「林肯
說」）或觀念（「如理查·霍夫斯塔特在他的作品中討論的」）或隨
後引文（「如琳達·克爾伯曾寫下的」）時，也會使用信號片語。這
些片語也會有使用過度的問題，有時看起來相當生硬，但它們卻能成
功顯示你如何使用你的史料。無論如何，你還是必須恰當地使用這些
片語來引用所有的資料。

　　無論你選擇哪一種取徑，總要牢記，在完成論文時仍必須恪守
歷史論文的基本原則。之後你可以回答下列問題，仔細檢查以避免抄
襲：

寫作者的避免抄襲檢查清單

____ √ 我的筆記中，所有的引文是否標明清楚？

____ √ 我是否已將筆記中屬於我自己想法的部分仔細區隔出來？

____ √ 我是否已經刪除了拼貼的引文與馬賽克式的改寫？

____ √ 我開始寫作論文時，是否還把筆記放在一旁？

____ √ 我的論文中，直接引用史料的文字是否已經加上引號？

____ √ 我是否已經檢查過我使用的引文，確認它們引用無誤？

____ √ 我更動引文內容時，是否使用了刪節號與夾注號？

____ √ 我的論文中，所有的引文是否適當地標明出處？

____ √ 我的論文使用的所有引文，是否真的有其必要？

____ √ 我的論文所作的論證，是不是我自己的論證？

____ √ 我是否承認我借用了別人的觀念？

____ √ 論文的句法結構是出自我的手筆嗎？

____ √ 在我的論文中，信號片語的使用是否適當，是否做到儉省？

第二章　思考歷史

　　歷史寫作需要特殊的思考方式，因為過去的複雜性無法像立即重播一樣重新加以捕捉。真實的人生無法立即重播；歷史也不可能重來。歷史資料——人類經驗——不斷地移動變化，其繁複的過程就像轉動萬花筒，同樣的圖案不可能出現第二次。因此，歷史的認識只能透過講述與歷史有關的故事——由許多人講述的故事；由許多不同種類的證據支持的故事；以不同方式在不同時間與不同地點講述的故事——才能達成。歷史研究與歷史思考總是需要聆聽多樣的聲音，紙面上的文字或許無聲，卻能透過人類的理智發聲，正如史家試圖整理各種史料以得出最合理的故事。

　　歷史意識起源於對現在與過去之間差異的認識。當人們充分領悟時代正在變遷、新事物正在取代舊事物，而昔日的故事應該在消失之前、留下紀錄時，歷史寫作便開始繁盛起來。很快地，史家也了解到寫作歷史意味著致力於，以能夠讓現在讀者理解的語言來講述過去的故事，但這樣的做法卻可能扭曲故事。然而，這麼做是必要的，因為過去有著這樣的力量。人類想知道事物何以如此發展。他們渴望了解起源與目的，而他們現在擁有的生命之本質部分受到他們對過去的理解所影響。

　　一八九八年二月十五日，一場爆炸炸沉了停泊在古巴哈瓦那港的美國緬因號戰艦，關於這個事件的起因在不久前又再度引起討論。事件發生後不久，美國報紙的報導激起民眾相信，緬因號被西班牙特工安裝在船身的炸彈所炸沉，有將近兩百名美國水兵失蹤。美國很快對西班牙宣戰。美軍在古巴、波多黎各、菲律賓與其他屬地打敗西班牙人，而美國也因此首次取得海外帝國的地位。然而現在的一些證據

似乎顯示，是船本身的煤倉起火點燃了鄰近的彈藥庫，因而炸沉了船隻。對於現在看來已相當遙遠的戰爭起源進行歷史研究，可以讓許多人省思，當今日的政府告訴國民，國家應在自身的榮譽與道德陷入危險時展開戰爭，我們應當審視是否這樣的危險真的存在。現在與過去共同限制了人們能以什麼樣的態度面對兩者。

　　「實際上」發生了什麼事？這是每個人都想知道的有關過去的基本問題。但歷史問題類似於記憶問題。去年的今天你在做什麼？如果你的記事簿還在，你可以查出那天跟你見面的人的姓名。但你們之間說了什麼？日記不一定每件事都會記載。某人可能對你說：「我記得去年八月的最後一天，我們坐在南卡羅萊納州波利島鎮的沙灘上，聊著貓王的死。」「啊，」你可能回說：「我想那是在三年前，在查爾斯頓的咖啡館裡。」你可能在日記裡記錄了對話；或者，你可能那天忘了記錄。所以，究竟是在哪裡對話？你有日記可以核對你的記憶，史家亦然。但就像你的日記一樣，史家查閱的史料不一定對每個問題都有立即的解答。

　　史料受到紀錄當時的時代所限制，也受到今日解讀方式的限制。例如，中古時代流傳的聖徒傳說充滿奇蹟。據說聖丹尼斯在向信奉異教的高盧人傳教時，在巴黎被砍頭。傳說他拎著自己的頭走到城外，也就是日後成為聖丹尼斯修道院的地方，他放下自己的頭，標示出自己應被埋葬的地點。法國歷代國王都葬在根據聖丹尼斯指示位置所興建的修道院裡。聖丹尼斯提頭的雕像如今立於巴黎聖母院的前方，這是重塑的成品，原本的雕像已在法國大革命時代被暴民破壞。

　　我們當中絕大多數人不會相信人可以提著自己被砍下的頭到處行

走，不過你可以尊重這則故事，把它當成一件吸引人的傳說，而非確切的事實。中古時代的巴黎人真的相信這則奇蹟嗎？若以極理性的態度來看待過去，你應該會推斷聖丹尼斯的故事對巴黎主教來說是個不錯的工具，它可以用來強調巴黎的重要以及他們所傳播的正統基督教神學之真實性。巴黎因為這則奇蹟而獲得神聖地位。但誰知道呢？或許這群中古主教「真的」相信這則故事！或許你必須修正你對故事起源所做的完美而理性的解釋。

　　史家講述的故事關聯著在特定時間與特定地點生活的人。每個時代的人，其動機都是複雜的、神祕的，而且經常是荒謬的。每個地方的人都會毫無理由地做出瘋狂與破壞的事，歇斯底里的領袖會為了國家的災難或想像的敵人，找出替罪羊供人指責，並且將恐怖加諸在他們身上。「理性的」人不會相信聖丹尼斯能拎著自己被砍下的頭在巴黎行走，但「理性的」人為什麼也會同意對想像的敵人進行有系統的屠殺，如二十世紀初的亞美尼亞或二十世紀末的盧安達？

　　以上只是在說明一件事，歷史一方面需要你運用日常生活常用的思考模式，另方面也需要你努力理解與你的生活經驗全然不同的行動與觀念。可以確定的是，當過去人們的言語與行為——受他們自身時代的影響——向我們訴說關於我們今日面對的挑戰時，也就是我們最能理解他們的時候。要達到這樣的理解，你必須不怯於提出問題，特別是基於你自身當前的關切與利害關係產生的問題。

歷史問題

當你思考過去，特別是研究與閱讀過去時，記住要以這些熟悉的
問題——「何人」、「何事」、「何時」、「何地」與「何以如此」
——做為你的嚮導；當你閱讀與思考任何主題時，試著簡短地回答這
些問題。具有讀寫能力的人在回應資訊時幾乎都會運用這套方式，長
久以來，史家也一直運用這些問題來理解過去事件。當史家專注於某
個已發生的事件時，他會問牽涉此事的人是「誰」，究竟發生了「什
麼」事，它「何時」發生，發生於「何處」以及「為什麼」。答案通
常會彼此重疊。要解釋發生了「什麼」事，有時就是在解釋「為什
麼」發生。此外，你很難將「誰」與「什麼」這兩個問題區隔開來，
因為討論某人等於討論這個人做了什麼。

問題的重疊正可說明這些問題對研究有很大的用處。複雜的事
件就像精巧的織錦，被各種顏色的絲線緊密交織著。這些絲線雖然清
晰，卻難以整理。這些問題可以讓你的眼睛緊盯著這條或那條重要絲
線，你可以看出它如何構成整體。這些問題非常有助於分析人類行
動。你對於某些問題的偏重將會決定你寫作歷史事件的論文取徑。因
此，你提問的焦點可能改變你問的問題以及你說的故事。此外要記住
的是，你不會只問一次「誰」的問題，或一次「什麼」的問題，或一
次「為什麼」的問題。你可能會問數十次這類的問題。問題是越多越
好，盡可能動腦筋想想。

這些研究問題通常可以幫你克服寫作停滯不前的毛病。每個寫
作者或多或少都會碰上這種麻煩。你無法開頭、無法繼續寫下去，

或者無法結尾。但是找到地方開頭是很重要的，即使只是小小的一步。試著用這五個問題質問你想到的任何主題，不要擔心這些問題是否重疊，然後試著寫出每個問題的答案。通常在把自己想到的東西寫出來之後，可以對你的心智產生一點驅策的力量。即使是因為感到挫折而寫下的荒謬詩句，也能激勵你進一步寫作。當然，寫作可以刺激心智；這點就算再三強調也不為過。任何可以迫使你針對主題進行寫作的過程，都會讓你的心智充滿想法，如果你不動筆寫作，就不可能有這種效果。有時候，硬性規定每天花十分鐘在日記裡記錄自己的努力成果——即使那天並沒有任何進展——也可以讓自己及早開始動筆寫作，而非繼續拖延下去。或者，你可以找個朋友每天在固定時間一起上網，向他報告你今天做了什麼，這是另一種可以推動你寫作的方式。最重要的是，不要在還未針對自己的問題做出「一些」努力寫下「一些」內容和——如果可以的話——你已經開始追尋的解答之前，就放棄提問。

「何人」問題

　　許多歷史主題以人物為中心。如果你的主題是人物，那麼你在一開始應該會問「何人」問題。誰是賽珍珠？她寫的是關於誰的事？誰喜愛她的作品？哪些人是她的批評者？誰在詮釋她的作品上具有影響力？當你一邊閱讀資料一邊問這類問題時，記得寫下這些問題，並且迅速地寫下答案——或寫下你不知道答案。當你問這類問題時，你應該也會想到其他各式各樣的問題。她住在中國的哪裡？她在中國的傳

教經驗對她看待中國的方式有何影響？她如何影響美國人對中國的態度？她爲什麼能贏得諾貝爾文學獎？她何時獲得諾貝爾獎？文學批評家對她的作品有何看法？她的書迷對她有什麼看法？現在的人對她的作品有何看法？對她作品態度開始轉變是在什麼時候？爲什麼會出現轉變？

　　當你問——而且嘗試回答——這些額外的問題時，你的想法也開始演變。你開始看出問題間的關係。例如，你可能忍不住問了一打或一打以上的「何地」問題或一大堆「何以如此」問題。你可能以不同的角度閱讀史料。例如，你可能知道當毛澤東領導的共產黨在一九四九年掌控中國大陸時，美國的輿論感到震驚。許多政治人物——包括威斯康辛州的約瑟夫・麥卡錫參議員——宣稱美國已經「失去」民主中國，因爲美國國務院到處橫行著共產黨特工。賽珍珠描述中國的理想主義作品，特別是她的經典之作《大地》，是否協助營造出對中國局勢的不實印象？這類問題可以引導你去閱讀——或許是重讀——賽珍珠的作品、當時對她的評論，以及之後寫下的相關文章。從這些作品中，你可以找出自己的方式，寫出一篇好論文。最初的「何人」問題將爲你的論文開啓大門，即使你不會將你發現的答案全寫入文章之中。

「何事」問題

　　在歷史理解的基礎問題中，「何事」問題當然是最根本：發生了什麼事？但進一步深究，你會發現提出「何事」問題需要除去傳說與

誤解，才能看出實際上發生了什麼事。當你閱讀史料，心裡經常想到的問題是：「這是什麼意思？」通常你會試著了解過去的人使用這些文字時是什麼意義。這些意義會混淆我們，因為它們經常改變。

在十九世紀，「自由派」這個詞用來描述想在由貴族（其權力基礎來自於土地）統治的國家裡尋求自身地位的商人。自由派人士是資本家，他們認為政府不該介入商業。絕大多數自由派人士相信，經濟是依據無情的供需法則來加以運作，任何協助勞工的做法都將對這個法則造成干擾，如此必將導致災難。

在二十世紀，「自由派」一詞被美國人用來描述那些希望政府維持強者與弱者、富者與貧者之間權力均衡的人士。在二十一世紀初，沒有任何一個美國重要政黨願意使用這個詞，因為它意味著由政府付錢推動濟弱扶貧的計畫，其結果就是以增稅來負擔支出。在某些政治說詞中，「自由派」一詞已成為表達輕蔑的特殊詞彙。

同一詞彙的不同用法間存在著什麼關係？十九與二十世紀的自由派人士擁護「自由」，它是「自由派」的字根。十九世紀自由派人士想為苦於土地貴族政治權力慣例的商業階級創造自由。二十世紀的自由派人士試圖為窮人爭取更多的自由，包括受公立學校教育的自由，使具天分者有提升自我的機會。美國的生活出現什麼變化，使得自由概念跟著改變？是什麼造成對「自由派」與「自由主義」的態度出現轉變？

當你在文章裡使用如此廣義的詞彙時，必須定義你使用的意義，慎防將今日的定義帶進昨日的詞彙中。不要仰賴簡易字典的定義；尋求詞彙的起源與語源，包括它們在各個時代的使用方式；根據

詞彙在各個時空的歷史脈絡來加以定義，而你必須確定了解它們的原始意義與變化過程。

在回答「何事」問題時，史家有時會試著區別事件的獨特性質與看起來似乎不斷重複的性質。例如，什麼特質使某些大國維繫長久？什麼特質使其他國家注定滅亡？這些問題很吸引人，但答案卻不確定。一名史家可能看到重複的模式；另一名史家可能從相同事件看到某個特定時空的獨特環境。有些希臘與羅馬史家相信，歷史是不斷重演的循環，因此了解過去能讓人預知未來。現代史家幾乎不如此認為。有些廣泛的模式會重複。帝國、國家與文化興起又滅亡。對一些學者來說，這些重複似乎顯示所有歷史均逃不過不變的循環。以這種方式看歷史，意味著人類不斷勞苦地踩著腳踏車，卻哪裡也去不了。這種史觀限制了史家發現事實的能力。

「何時」問題

有時你能確切知道某事何時發生：日軍首次轟炸珍珠港、羅斯福去世，以及在蓋茲堡戰役的第三天，南軍攻勢達到最高潮。當然，這種確知來自於我們接受了一個共同的時間測量系統。史家知道過去並不總是如此，而就某個程度而言，今日亦非如此。例如，伊斯蘭計算時間的方法根據不同的最初假定〔穆罕默德從麥加「出走」（hijirah，希吉拉）到麥地那〕，與不同的計算日子推移的方法（陰曆而非陽曆）。曆法史本身就是個吸引人的歷史研究主題。儘管如此，為了避免混淆，史家一般接受西方或格列哥利曆的時間計算方

法，這是回答許多「何時」問題時實用而實際的方式。

　　質問某事的發生時間與其他事件的關聯，可以提供一個吸引人的研究主題。何時火山爆發摧毀了克里特島的米諾安文明？這個問題關係著以雅典與斯巴達爲首的希臘本土力量之興起。尼克森何時首次得知他的白宮人員涉入一九七二年六月十七日的水門竊聽案醜聞？在隨後的調查中，「你何時知情」成了尼克森與他的部屬必須回答的重要問題。這種問題也成爲典型的質疑史料的懷疑取徑。你可以運用這種方式來進行研究及回答所有的核心問題。

「何地」問題

　　事件在哪裡發生，這個問題經常引起人們的興趣。沒有人確切知道盧比孔河的位置。凱撒與他的軍隊違反羅馬共和國不准軍隊接近首都的禁令，越過了盧比孔河。但無論這條河在哪裡，它在今日已有了另一個名字。盧比孔河位於義大利北部，構成羅馬阿爾卑斯山此側高盧行省與羅馬共和國本土之間的疆界。但是，在現在的義大利河流中，哪一條是當時的盧比孔河，仍有爭議。無論如何，確定盧比孔河的位置或許有助史家了解，當凱撒率領軍隊前進首都時，羅馬元老院有多麼驚恐。

　　「何地」問題牽涉到地理，你在寫作時應該思考地理問題。地理也許不會對你的作品產生任何特殊的影響，但如果你問對問題，地理或許能爲你開啓心靈的大門，通往迄今未曾想像過的事件與解釋景色。法國年鑑學派的歷史研究把地理視爲關心的重點，他們問：從歐

洲的一地旅行到另一地要多久時間、主要商路在哪裡、不同的農作物種植在哪裡,以及哪些城市之間有著最密切的關係。標示道路、河流、山脈、隘口、海岸與城鎮位置的地形圖,仍然是不可或缺的資源。使用這種地圖可以對你的史料提出更好的問題。

「何以如此」問題

有時你知道發生了什麼事,但基本的好奇心應該引導你質問「為什麼」發生。為什麼它具有影響力?這些問題——本質上是原因與結果——創造出永恆的吸引力。但原因與結果就像不受束縛的雙胞胎,在歷史研究裡,它們是不可分的,但通常難以看出它們之間的關係。你也許可以把推動事件的原因稱為起因或誘因。背景原因是建構與創造起因運作的脈絡原因。起因通常具有戲劇性而且相當清楚;背景原因比較難以辨識,而且通常含混不清。

美國南北戰爭的起因是,一八六一年四月十二日南卡羅萊納州的軍隊砲轟並攻下了薩姆特要塞。沒有人認為光憑查爾斯頓港這起事件就能引發南北戰爭。那個星期五早晨發生的事件背後存在著許多複雜的南北差異,這是戰爭的背景原因,從那時起,史家試圖從中整理出合理而精確的故事,以解釋美國為什麼爆發這場最血腥的戰爭。

背景原因為歷史寫作的「何以如此」提供了豐富的可能性,它們給予寫作者研究、分析、推論乃至於猜測的機會,但起因與誘因本身也是值得注意的主題。一八六一年四月的那一天,薩姆特要塞到底發生了什麼事?為什麼在那一年的那一天會引發如此強烈的熱情?「何

事」問題與「何以如此」問題結合在一起——它們通常如此。

　　好的歷史寫作會思考有多少不同卻又彼此相關的影響促成事件發生，並且從脈絡來觀察事物——通常是人物與事件的廣大脈絡。十九世紀的史家認為，如果能了解領導人物，就能知曉歷史事件何以發生一切需要知道的事物。但從脈絡的角度思考，意味著當你思考任何重要事件時，你必須試著整理與衡量各種原因的相對重要性。因此，現在有越來越多的史家會問這樣的問題：為什麼一八五七年東印度公司轄下印度士兵在孟加拉的叛變，導致全印境內英國移民遭到屠殺？為什麼英國人能說服其他印度人跟他們合作，以恐怖殘暴的手段鎮壓叛亂？這類問題引導出對絕大多數不識字者的生活進行調查，而這些人幾乎沒有留下任何文字紀錄。由於要重建群眾的生活是困難的，所以要回答歷史「何以如此」的問題是複雜的，有時甚至難以確定，但卻相當吸引人。

　　有些「何以如此」問題似乎已得到較為確定的解答，但從事探究的史家會重新檢視原初的謎團，並且找到另一個與既有說法矛盾的可能答案。了解這個過程的潛在可能——被稱為「修正主義」——應可讓人們產生足夠的動機，避免毫無批判地接受看似已經底定的歷史真實。懷疑主義是歷史寫作的核心。質問可能忽視的問題、以新的方式思考既有的答案、仔細反覆檢視證據、挖掘之前未檢視的史料，這些都能為重述過去故事提供新的可能。但這個過程的確需要審慎的態度，以確保不犯下許多經常在不知不覺中出現在歷史寫作的常見謬誤。

歷史謬誤

「謬誤不僅僅是錯誤本身，」史家大衛・哈基特・費雪在數年前
表示，「而是一種造成錯誤的方式。它是錯誤的推論，通常根據的是
真實無誤的事實前提，卻產生了錯誤的結論。」**¹**在討論這類主題的
作品中，費雪教授提到相當多的特定謬誤，並且從歷史寫作中找出例
子說明每一種謬誤。他的書問世後數年，史家總會翻查裡面的內容，
希望自己的名字不要出現在上面！不過更重要的是，你只需牢記幾項
最普遍的錯誤，就能避免在寫作時重蹈覆轍。

其中一種謬誤——單一原因的謬誤——有時會在難以從複雜的
「何以如此」問題找到答案時出現。特殊的可能性似乎特別有吸引
力，但把任何事件的起因過度集中在單一原因上，十有八九會是個錯
誤。不要忍不住以簡單而單一的原因解釋複雜而困難的問題。例如，
不要以為羅馬帝國衰亡只是因為羅馬人喝了含鉛水管的水，或南方輸
掉內戰只是因為李將軍在蓋茲堡被擊敗。這些事件的背後存在各種複
雜的影響，你應該仔細認清其中的複雜性。

你也必須避免這個披上精巧拉丁文名稱的謬誤—— post hoc ergo
propter hoc，「在此之後，故以此為因」。這項謬誤是指，相信如果
某件事發生在另一件事之後，則先發生的事是後發生的事之原因。與
這項謬誤有關的微妙問題起因於兩起密接的事件，然而其中一件不必

---

1. David Hackett Fischer, *Historians' Fallacies: Toward a Logic of Historical Thought* (New York: Harper and Row, 1970), xvii.

然導致另一件的發生。紐約股市於一九二九年十月崩盤。隨之而來的是經濟大恐慌。但若因此認爲崩盤導致了大恐慌，則是一項錯誤；這兩起事件似乎都是由相同的經濟力量造成的。當你在寫作論文時遇到這種事件關係，你必須仔細地思索各種因果關係，並且避免把事情看得太簡單。

　　在過度化約這個類似的謬誤中，許多十九世紀史家相信，歷史是一則不可避免走向進步的故事，並且以可預知的結論做爲整篇故事的高潮，例如白人的勝利，因爲他們比全世界的有色人種都要來得優越。他們認爲這是邁向進步的一步，能使整個世界更好。其他史家則認爲歷史是根據上帝的意志行進：爲善便強盛，違反上帝的律法便衰亡受苦。但仔細調查可以發現，歷史過程的漩渦與波浪似乎不會以如此輕易預知的模式行進。

　　同樣地，以爲學習過去可以避免在未來犯錯，等於是低估了「新事物」會持續注入到人類事件之中。新發明、新思維方式或新觀念的結合，可以破壞所有的預測。現代史家絕大多數都了解，必須審愼看待歷史告訴我們的事，無論現在還是未來，原因在於歷史無法預言人類事務存在著不可避免的進步。我們在熟讀歷史的同時，仍有可能對事件感到驚異。最近數十年來，不論老少的數千名史家研究著蘇聯歷史。中央情報局雇用史家協助政府了解如何對付蘇聯，並且預測它可能的走向。然而這些學者沒有任何一個人預言龐大的蘇維埃帝國會在一九八九與一九九〇年突然崩潰解體。

　　你可能也熟悉另一項與「稻草人」一詞有關的常見謬誤。當人們對對手未提出的論點表示反對，或在沒有證據的狀況下指對手具有

惡劣動機時，我們稱之為稻草人論證。為了回應十六世紀歐洲對宗教充滿懷疑的觀點，對手提出反對，認為十六世紀不可能經歷宗教懷疑論，因為伽利略與牛頓的科學世界觀尚未出現──彷彿宗教懷疑論是仰賴科學世界觀而生。這種論點完全偏離了重點。更糟的是，對手可能提出人身攻擊的論證，主張這名史家由於自己不虔信，所以想在遙遠的時代尋找懷疑論。當然，這種謬誤的基礎在於把提出論證的人當成攻擊對象，而非把支持該論證的邏輯或證據當成攻擊的對象。要避免誘惑，公平對待反對的觀點，精確地描述它們，並且根據它們的長處來加以批評。

你也應該避免樂隊車謬誤，亦即做出簡單的假定，例如，因為許多史家對某個議題有一致看法，所以他們必定是對的。專家的共識固然不可輕視，但專家也會傾向於偏見或屈服於不願成為少數的欲望。尋求多數意見的民主欲望不一定是達成歷史結論的最好方式，偉大的歷史作品是由那些堅持追求證據、對抗歷史共識影響的人所完成。然而當你攻擊共識時，一定要確定自己真的有證據！

做出推論

我們當然想鼓勵你將心智運用在證據上，並且──藉由質問資訊的來源──運用心智的能力來進行推論。人類透過推論來管理日常生活。如果你在早上看見天空堆積著低矮濃密的雲層，你出門時會隨身帶把雨傘。為什麼？你過去曾經看過這樣的雲朵，而它們通常意味著

下雨。你以過去的經驗來推論，對現在的事件或處境進行詮釋。你總是無法確定你的推論是否眞實。有時烏雲很快就被吹散，留下萬里無雲的晴空，於是你整天拖著無用的雨傘，也許還帶了一件雨衣。但若是沒有推論，人類將必須每天早上重新改造這個世界。

史家總是推論出一些問題的解答。他們努力理解文獻、其他的證據或各種史料之間的矛盾。他們試著清楚判斷什麼是可靠的，並且試著了解證據被創造的原因、時間、地點，以及由誰創造。推論的目標是前後一致。史家試圖將他們所知的事物毫無矛盾地安插到合理的整體之中。例如，你可能推論某些文獻有疑點，因爲當中使用的詞彙其實是在文獻本身聲稱的時代很久之後才出現的。假使你在一名也許是在一八五一年橫越平原、前往加州的女性西部拓荒者的日記中讀到這句話：「我們度過一段非常艱苦的時期，我想，幾年後駕車從八十號州際公路經過內布拉斯加州的美國人，將很難想像我們忍受的一切。」*你會立刻推論這份文獻的說法有著嚴重的錯誤！

在實際研究中，史家處理各種證據時也會碰到類似問題，特別是在文字紀錄散失、毫無用處或看似前後矛盾時。但這無法阻止優秀史家提出問題、做出推論，以及試圖講述與過去有關的眞實故事。例如，在閱讀了埃爾蘭多・德索托的十六世紀旅行——其旅行範圍約在今日的美國東南部——之後，阿弗雷德・克羅斯比發現這些敘述與兩個世紀後第一批移民的說法有出入。

---

* 譯註：八十號州際公路建成於一九五六年。

　　在阿肯色州的東部與南部地區，以及路易斯安那州的東北部地區，德索托發現了三十座城鎮與省分，但法國人只發現一些村落。德索托曾經在廟宇的小丘上看到其他小丘的幾個村落，山丘之間幾乎全是玉米田，但現在卻成了荒野……

　　十六世紀時，德索托的編年史家從佛羅里達州到田納西州，然後返回海岸的路上，完全沒看到野牛，或者他們的確看到這些不可思議的野獸，只是沒有記錄下來──這似乎不太可能。考古證據與對美洲印第安人地名所做的檢視，也顯示德索托走過的路線沒有野牛，而沿途直到海岸也看不到牠們的蹤影。一個半世紀後，當法國人與英國人抵達時，他們發現這種毛茸茸的動物至少從山脈分布到墨西哥灣，甚至到大西洋。這段期間發生了什麼事，我們可以簡單扼要地解釋：一塊生態空間開啟了，野牛移動到這裡面。某種事物使這些動物無法出現在像公園般的廣袤森林空地中，這些空地是美洲印第安人週期性地以火與鋤頭創造出來的。一五四〇年後，這個事物衰亡或消失了。而這個事物很可能就是美洲印第安人自己，他們自然而然地殺死野牛做為食物或保護他們的農作物。

　　美洲印第安人衰亡與消失的原因可能是傳染病。沒有別的因素能在北美如此廣大的地區將數量如此龐大的人口

滅絕。[2]

　　克羅斯比的問題引導他尋求更多資訊——在本例中是生態學與地理學——之後，根據可能的推論得出解答。諸如此類的推論例子大量存在於任何主題的歷史寫作上。

量化資料與歷史

　　有些史料即使表面上提供了毫無爭議的確實性，但還是需要史家推論才能得出結論。統計資料的運用當然也是如此，統計數據逐漸成為寫作歷史的重要資料來源。現代政府以近乎宗教性的熱忱保存統計數據，而其他機構——例如各種民調組織——也以相同的熱情蒐集這些資料。對某些歷史系學生來說，統計相當沉悶，但對另一些學生來說，統計卻令他們感到振奮，因為統計可以為過去開啟新的窗口。然而統計需要詮釋。「就像其他資料一樣，」研究英屬印度的史家普莉雅·裘西提醒說：「統計數字頂多是一種近似值，它如同搜尋與操縱統計數字的工具，只是暫時性的，之後還會有不同或更好的數據——或者不同或更好的歷史研究方法——出現。」[3]史家可以從統計數據推論出豐富的內容，但若推論不當，也會產生嚴重的錯誤。

2. Alfred W. Crosby, *Ecological Imperialism: The Biological Expansion of Europe, 900-1900* (Cambridge: Cambridge University Press, 1986), 212-213. 我們省略了克羅斯比引用的大量證據。

3. Priya Joshi, "Quantitative Method, Literary History," *Book History 5* (2002): 273.

　　近年來根據統計數據進行的歷史研究中，較具爭議的一件作品是羅伯特‧佛格爾（Robert Fogel）與史坦利‧英格曼的《苦難時刻：美國黑人奴隸制經濟學》，該書透過檢視南北戰爭前奴隸生活的統計數據來觀察奴隸制的面貌。這種方法從二十世紀中期起被稱為「計量史學」，這是一種分析統計數據（特別是經濟資料）的人類歷史研究，而且在《苦難時刻》出版後獲得非凡的名聲。[4]奧斯卡‧韓德林教授的《歷史的真相》討論佛格爾與英格曼所提出的，奴隸母親生下第一胎的平均年齡是二十二‧五歲的論點。韓德林指出，佛格爾與英格曼的資料是從「一七七五到一八六五年間，八個南方州五十四個郡認證的遺囑中蒐集到的，其中列舉了八萬名奴隸」。[5]

　　八萬是個龐大的數字。人們可能認為從這麼多樣本抽取出來的統計數據應該是有效的，但作者對奴隸母親平均生育年齡二十二‧五歲所賦予的意義，是否確然無疑？他們認為奴隸母親在生育第一名子女時已是成年女性，因此她們必定已經結婚。他們主張，首次生育的年齡相當晚，顯示家庭生活相當穩定。雖然佛格爾與英格曼以這項證據推論奴隸間的性雜交相對較少，且家庭生活緊密而持續，但證據與結論的關聯性其實並不清楚。韓德林認為，如此苦心推敲的結論並不能從證據中得到支持。[6]

4. Robert William Fogel and Stanley L. Engerman, *Time on the Cross: The Economics of American Negro Slavery* (Boston: Little, Brown and Company, 1974), 2 vols. 兩位作者表示，第一冊是作品的「主要部分」，涵蓋了對爭議的一般討論與結論；第二冊則保留了研究證據與詳細的「技術、方法與理論基礎」；vol. 1, p. v.

5. Oscar Handlin, *Truth in History* (Cambridge: Harvard University Press, 1981), 211.

6. Handlin, 210-226. 雖然韓德林的確承認，「在該書出版之後，佛格爾與英格曼補足了結論，使其更具解釋性」（p. 210），但他對《苦難時刻》統計資料運用的批評其實不僅於此。

　　近來其他史家改進了統計資料的使用方式。在主題類似的作品《黑人與白人的生活：奴隸南方的家庭與社群》中，布蘭達・史帝文森研究南北戰爭前維吉尼亞州勞登郡——菸草種植園構成當地的經濟基礎——的黑人與白人家庭。她使用法院紀錄與商業分類帳——其中包括白人種植園主的紀錄——分析性別對戰前奴隸經濟的影響。最初清一色是黑人男性；開始引進黑人女性之後，奴隸家庭得以發展。而後，白人奴隸主由於維吉尼亞州失去菸草市場而欠缺現金，於是將奴隸子女賣到棉花經濟景氣的深南方。史帝文森的統計數據提供奴隸制度的另一個面向，她認為：「維吉尼亞州的奴隸家庭本質上不屬於核心家庭，而且並非來自長期一夫一妻制的婚姻。」[7]

　　上述兩項研究清楚顯示，現代科層社會對統計學幾近崇拜的態度，使史家的任務變得既容易又艱難。任務變得比較容易，因為現在的統計資訊通常是以精確、容易取得與容易運用的形式呈現，不過有時候可得的統計資訊數量多到令人生畏。任務變得比較艱難，因為你可能輕易被一項計畫包含的大量數字、圖表與表格打垮。詮釋統計資訊需要高度的技術水準，而這會讓任務比原先看起來更加艱難。統計學是一門龐大而複雜的學科，需要一套嚴謹的方法來詮釋。即使如此，詮釋出現錯誤的機會並不少見。數字或許可以提供令人安心的確切表象，但表象卻不一定與現實相符。

　　有些問題不是統計的力量所能衡量。許多歷史量化方法的批評者

---

7. Brenda E. Stevenson, *Life in Black and White: Family and Community in the Slave South* (New York: Oxford University Press, 1996), 325.

認為，以量化方法研究歷史的從業人員宣稱他們可以了解過去，但實際上效果並沒有他們說的那麼好。批評者表示，沒有任何事物比得上從曾經參與歷史的人的生動文字來理解歷史。對於那些比較具有人文主義傾向的史家來說，統計學是沒有血肉鼻息的枯骨。量化史家對此的回應是，人文主義史家爭論的通常都是相同的老問題，就算統計學經常不明確，人文主義史家自己「在沒有運用統計的狀況下，講述的也是些不明確的真相」。[8]統計學無疑有助於解開一些歷史謎團。因此，我們的建議與費雪在三十年前提供的如出一轍：「每個史家都應該盡可能計算每件事物，並且使用現有最佳的統計方法。」[9]

運用統計方法必須了解統計分析的局限，並且在局限內進行運用。如果你根據量化研究來撰寫論文，必須確定你具有足夠的資料，並且充分了解統計的詮釋方法以避免明顯的錯誤。學習統計分析的正確用語。〔你必須知道「中位數」與「平均數」的差異、「鐘狀曲線」的意義，而且你必須對如何進行「隨機抽樣」有點概念。〕此外，謹慎從證據中做出推論。即使你具備一些基本統計學知識，也要確定自己了解這類方法如何運用在歷史寫作上。[10]不要害怕詢問專家。你或許知道在你的大學或學院科系中有哪些人負責教授統計學，他們應該知道統計研究有哪些陷阱。去跟他們討論你的論文。他們或許會對於你對統計感興趣而感到高興。

---

8. Joshi, 264.

9. Fischer, 90.

10.我們推薦的入門書是 Charles H. Feinstein and Mark Thomas, *Making History Count: A Primer in Quantitative Methods for Historians* (New York: Cambridge University Press, 2002).

　　在運用統計資料時——與運用其他的證據一樣——要是你能做出對史料研究相當重要的推論，你將成爲一名主動的質問者。你不會被動地閱讀或分析資訊。你會主動地閱讀與思考，試圖填補你不斷發現的漏洞，並且在填補時做出推論。在過程中，你必定也評估你閱讀的史料價值，以幫助自己講述想撰寫的過去故事。

評估史料

　　這個評估過程當然是歷史寫作的核心。所有史家無論使用什麼方式，都會評估他們寫作歷史時需要的史料。這些評估構成歷史的「考證方法」，它是史家特殊思維方式的關鍵部分。長久以來，史家把考證方法分成兩部分，通常稱爲「外部考證」與「內部考證」。這兩種方法合併起來，構成評估史料時的一種健全歷史懷疑論。

　　外部考證原是用來判斷歷史文獻是否眞如其所聲稱般確實無誤。這種方法曾經非常重要，這可以從一份被稱爲「君士坦丁的捐獻」的中古時代文件看出。根據這份文件的說法，君士坦丁皇帝的痲瘋病被教宗治癒，爲了表示感謝，皇帝從羅馬遷往君士坦丁堡時寫下這份文件，把西歐的政治大權交給了教宗及其繼承者。多年來，這份文件一直做爲教宗凌駕歐洲諸王之上的證明。

　　十五世紀時，一個名叫羅倫佐‧瓦拉的義大利人開始提出這份捐獻文件的問題。爲什麼在君士坦丁身邊撰寫他傳記與統治事蹟的人，沒有一位提到他得了痲瘋病或寫下捐獻文件？爲什麼這份文件使用的

詞彙不是當時使用的，而是幾個世紀以後使用的詞彙？為什麼這份文件在九世紀之前從來沒有被引用過？為什麼它出現了許多歷史錯誤？瓦拉推論這部作品記錄的不是真實的歷史事件，也不是君士坦丁時代的作品，因此，他認定這份文件是贗品，而他的判定也從那時起成為定論。

然而，偽造的歷史文件紀錄並不局限於那些創造於幾世紀前的作品。例如一些著名且較為晚近的一手史料，並非外表看到的那樣。其中一個例子牽涉到艾德蒙・貝克斯爵士一段引人入勝的故事，描述於史家修・崔佛羅伯的《北京隱士》中。貝克斯長期以來一直被視為研究二十世紀初中國歷史的重要學者，他的名聲來自於他對中文的熟悉以及他很幸運地發現一批重要文件，這批文件後來成為他寫作的基礎。他也是牛津大學博德里恩圖書館的捐助者，他捐贈了其中一些手稿──以及大量其他的作品──給館內的中國收藏室。他也寫了一本厚重的回憶錄，這本書──幾乎是在他去世（一九四四年）的三十年後──也進了博德里恩圖書館。然而由於他的傳記回憶被許多人認為──即使以當時英國上層階級默許的寬大標準來看──略嫌猥褻，於是分析他作品的工作便落到牛津大學近代史欽定教授崔佛羅伯身上。經過研究之後，他完成一部文學傳記，而且下了這個結論：貝克斯不是具有超凡天分的人物──除非你說的是偽造的才能！崔佛羅伯揭露貝克斯在他最著名的作品中使用的關鍵文獻其實是精心欺騙的結果，而那些中國文獻不過是贗品。

崔佛羅伯提出了典型的史家問題：為什麼貝克斯要犯下這樣的欺騙，就連他的回憶錄也要造假？他對貝克斯的動機下了具啟發性的

結論：「歷史對他來說不是學科，不是了解世界的工具，而是一種代
價，是逃離世界的手段。」[11]這種說法不僅充分說明這名欺騙者的心
態，也說明這類欺騙何以吸引其他以歷史惡作劇者自稱的人士群起效
尤。但是這個例子也有正面意義，我們相信這提供了誘因，使人對任
何歷史寫作者保持警戒。

　　這本評論貝克斯的作品問世後過了六年，崔佛羅伯教授又捲入一
起歷史文獻的爭議中。一九八三年四月，德國《明星》雜誌刊登了新
發現數量龐大的希特勒日記部分摘錄。可以想見這造成了轟動。這些
日記是元首親筆寫下的作品嗎？許多重要史家受託對這些日記進行評
估。崔佛羅伯以自己的豐富經驗對希特勒日記提供以下的意見：

　　　　簽名、單一文件或甚至一整批文獻都可以運用技術造
　　假，但涵蓋三十五年且前後一致的完整檔案則較不容易偽
　　造。
　　　　如此不成比例且虛耗的造假工作，只會露出巨大而脆
　　弱的破綻，讓批評者毫無忌憚地加以痛擊……事實上，這
　　份檔案不只是可以個別地加以檢視的文件收藏，它也連貫
　　地構成一個整體，而日記是其中的必要部分。
　　　　這些內部證據證明了檔案的真實性。[12]

11.Hugh Trevor-Roper, *The Hermit of Peking* (New York: Alfred A. Knopf, 1977), 294.
12.Quoted in Dave Gross, "The Hitler Diaries" (n.d.) Culture-Jammer's Encyclopedia, http://www.sniggle.net/kujau.php (accessed 2 October 2008).

　　但是崔佛羅伯教授——後來發現——實際上是被另一件高明的贗品所騙！而且他不是唯一被僞造者欺騙的史家。僞造者利用人們對希特勒與納粹的廣泛興趣，不只創造了日記，還創造了其他虛假的希特勒紀念物。金錢收益或許是僞造者的主要動機，當然他跟貝克斯一樣，對歷史這門學科有著類似的輕視。至少有一段時間，這場騙局甚至連崔佛羅伯這樣卓越與多疑的史家也未能識破。

　　雖然崔佛羅伯的經驗顯示健全的歷史懷疑論對你有很大的幫助，但在寫作歷史論文時，要對自己運用的一手史料之眞實性一一加以判斷是不可能的。如果你的史料是從被丟棄的皮箱或廢棄不用的閣樓發現的，那麼你或許需要下點工夫判斷這些史料是否眞實。但是，你可能使用的許多一手史料是從已出版的收藏品中發現的。你可以合理預期編輯在出版前已經仔細對這些文獻做過外部考證。你實際在鄰近檔案館或圖書館找到其他未出版的一手史料，這些原始文獻的保管人應該已經做過這類的判斷。爲避免這些確信產生錯誤的安全感，記住，你仍然需要進一步運用史家的考證方法，當你對自己在歷史論文中閱讀與使用的證據提出史家的問題——「何人」、「何事」、「何時」、「何地」與「何以如此」——時，要保持同樣的懷疑態度。

　　而在過程中，你可以使用這些問題，連同你發現的答案以及你仔細做出的推論，來協助你首先判斷你的史料是否「合理」與「可信」，而後判斷它們是否「精確」而可以被「證實」。當你閱讀與質疑各種二手與一手史料，包括你從網際網路與其他電子媒體找到的資料時，這四種評估標準將能提供許多協助。你使用從全球資訊網找到的資料時會遭遇特殊的問題，沒有圖書館員、檔案學者，也沒有編輯

做好初步的資料評估工作。因此，「你」必須擔任你找到資料的主要評估者角色。你的讀者，特別是你的指導老師，將會期待你做好這份工作。

　　當然，常識測試是你開始進行評估時最佳的方式之一。史家的確需要信任自己的洞察。他們必須自行思考什麼可能做出合理判斷。你的常識是否曾告訴過你，你讀過的東西的確合理？是否史料真的有合乎你常識判斷的時候？如果你閱讀的資料顯示埃及金字塔或復活節島巨石像是由外太空的外星訪客創造的，那麼你有很好的理由可以懷疑它們。解釋越是怪誕，越有可能不過是單純的幻想。這種常識規則加以適用的結果，出現了所謂「奧坎剃刀」的哲學與科學原則，這是根據十四世紀英格蘭哲學家奧坎的威廉的觀念命名。簡而言之，這個概念指的是，較簡單的解釋通常要比複雜的解釋更受歡迎，特別是當已知的資訊可以得出較簡單結論的時候。

　　以這種方式運用心智判別你的史料是否合理，即使如此，什麼能引導你相信史料？這些史料是否顯示出任何偏見與任何片面看法？撰寫史料的人是否真的知道自己寫的東西？例如，聲稱韓國平民被美國士兵無差別地殺害之美國韓戰退伍軍人是否實際服役於老斤里——當地其他的韓國平民宣稱發生過這起攻擊事件——的軍事單位？他們當中是否有人對當時的情況特別了解，這也許能增加他們證言的可信度？或許他們之中有些人曾擔任醫護兵而且治療過傷者。這可以讓他們的陳述在你眼中變得更可信。還要思考你閱讀的描述是否出自一般認為可靠的作者？你可能要檢視一些歷史作品的書評以協助判斷，雖然仰賴任何角度的評論都有可能不是最明智的做法。

　　你也可以仔細閱讀所有細節是否均能吻合，以此來做出自己的判斷。時間與地點的敘述是否精確？細節是否吻合已知的部分與合理推論的部分？在許多英屬殖民地裡，年度普查數字每年都是一樣，毫無變化。地區殖民官員似乎只是簡單做點估計，當下一年度需要新數字時便重複上一年度的數字，完全無視於每年出生與死亡人數完全相抵的離奇現象。雖然英國殖民局的督導官員並未質疑這些報告，但今日史家並不認為這些統計數字能夠精確反映當地的實際人口。

　　不過，你也許可以從其他細節找出可證實的證據。優秀的史家一般都會嘗試這麼做，正如《華盛頓郵報》記者鮑伯・伍德沃德與卡爾・伯恩斯坦不斷尋找其他資料，證實他們的著名告密者「深喉嚨」給他們的資訊，這份情報後來稱為一九七〇年代的水門事件。三十多年來，這兩名記者一直對聯邦調查局高層馬克・費爾特就是他們的資料來源一事守口如瓶，但他們為了證實他的資訊而付出的努力，卻經得起多年的考驗，無論是在二〇〇五年費爾特的身分曝光之前或之後。記住，如果你希望對自己所寫論文的精確性具有真正的自信，那麼你手中具有證明效果的史料必須彼此獨立；這不是說單一史料必定會遭到拒絕，在無法證實的狀況下，你必須透過其他考證方法來確定你擁有的資訊是精確的。

　　好的史家不盲從每件資料來源，也不相信自己的第一印象。他們也不會對自己讀到的、聽到的或見到的東西隨機提出問題。史家對考證方法的運用必須更有系統地遵循質問與推論的常規。唯有做到這點，你才能真正地宣稱你已評估你蒐集的資訊，而且寫出一篇能呈現過去且證明任何主張為真的論文。沒有任何事情比在結論中呈現自己

的輕信、懶惰或不願提出問題，而非提供對過去意義的眞實洞見，對
史家的名聲更具摧毀性。當你爲了新寫作計畫而開始研究與思索史料
時，你可以牢記以下的檢查清單，以避免給人這種印象：

寫作者的評估檢查清單
_____ √　我該針對這項資訊提出什麼問題？
_____ √　我確定這項資訊的來源是眞實的嗎？
_____ √　這項資訊眞的「合理」嗎？
_____ √　我是否自信地認定這項資訊的來源「可信」？
_____ √　我基於哪一點認爲這項資訊「精確」？
_____ √　我如何確定這項資訊已被「證實」？

第三章　蒐集資訊

如果想產生好的寫作，那麼所有寫作都是苦差事，而寫作歷史更
會遇到一些特殊問題。有時人們會輕易假定，只要熟悉生活——或是
人際互動的某些特定面向——就已足夠。美國外交家暨史家喬治·肯
南在一九五七年因《俄國退出戰爭》而獲得美國國家圖書獎時坦承，
自己也曾做出這樣的假定：

> 恐怕我是把史家的任務看得有點輕鬆。我從未懷疑講
> 述外交要比執行外交來得容易——講故事並不是什麼大不
> 了的責任。但隨著這部作品逐漸將它的紀律加諸在我的身
> 上，我才驚覺這項任務不僅困難，而且極為重要。[1]

雖然很少人能像肯南一樣因寫作歷史而獲得榮譽，但你們當中
絕大多數人可以學習如何成功地寫作歷史——順便藉此學習其他種類
的寫作。蒐集、分析、組織以及以可讀的形式呈現證據，是商業、政
府與專業（包括了法律、工程與其他）世界諸多寫作任務的一環。因
此，你應該期待自己能從寫作歷史所發展的技術運用在未來的事業
中，無論你的事業是什麼。

所有寫作者都有一套程序——引領他們從發現與改進主題到完成
最終定稿的一連串步驟。不同寫作者有不同的儀式，我們兩人在寫作
上也發展出略微不同的寫作方式。當然，我們發現自我們從事歷史研

---

1. Quoted in *The National Book Award: Writers on Their Craft and Their World* (New York: Book-of-the-Month Club, 1990), 18.

究以來，史家的工作（與寫作）有了很大的變化。最重要與最明顯的
改變是電腦科技的廣泛影響、運用，以及在網際網路上分享的觀念與
知識爆炸。一個常見的類比是，網際網路是無線電發明以來最革命性
的溝通模式，而另一個類比則是，電腦對史家工作的衝擊甚至大於印
刷機。當然，這當中有一些憤世嫉俗的人士（即使在史家之間亦不乏
其人），他們輕蔑地嘲弄「有用的東西都在網路上」這個天眞而過於
流行的觀念。儘管如此，幾乎我們認識的所有史家都承認電腦與網際
網路對歷史研究與寫作造成了重大影響。

　　有些人甚至同意這個主張：只有當「史家開始運用電腦從事視
覺化工作，而非寫作有關過去的文章」時，史家才能體認電子科技具
有改變他們工作的充分潛力。[2]當然，史家很早就知道各種視覺資料
──例如座標圖、地圖、圖表與照片──可以對他們的書面描述產生
加分作用；處理與呈現視覺效果的電子工具，可以增加寫作理解過去
的機會。然而，即使電腦眞的對歷史性質帶來新的貢獻，這種改變也
「未能從『根本上』改變歷史的寫作」，如著名英國史家亞瑟・馬維
克不久前評論的。[3]深思熟慮的提問、誠實的研究、勤勉的評估與仔
細的編輯，這些仍是歷史寫作的核心，儘管電子科技在各方面對這些
程序構成了影響。「寫作不只是媒介」，我們同意吉爾佛德學院傑
夫・傑斯克教授的說法：「寫作是探索的工具，是發現的航行，它不

---

2. David J. Staley, *Computers, Visualization, and History* (Armonk, NY: M. E. Sharpe, 2003), 4-5.
3. Arthur Marwick, *The New Nature of History: Knowledge, Evidence, Language* (Chicago: Lyceum Books, 2001), 146.

僅引領我們前往新的觀念，也讓觀念更清晰。」[4]電子科技是幫助這段旅程的好東西，不過歷史系學生想抵達終點——生產出被認為是真實過去的故事，這是歷史寫作的特徵——還需要更多的技藝。

　　最終，你將找到屬於自己的寫作方式。在本章與下一章，我們將帶你走過歷史寫作者在創造論文或作品時必須經歷的共同階段。不過在一開始，我們想先明言，這不是一路直達文字產物的線型過程——一個步驟在類別上接續另一個步驟。每個步驟都有可能帶你回頭重新檢視之前做過的內容，唯有如此，你才能完成手中的任務。即使在你已經蒐集、分析與組織你的資訊之後，寫作完整論文仍將帶你回到之前那些步驟。以下的建議將顯示其他人的寫作方式，或許能對你有所幫助，但最終你仍需發展出最適合自己的寫作過程。

聚焦在一個主題上

　　絕大多數的歷史論文從作業開始。在大學課程裡，你的作業通常概述於指導老師在課程開始時公布的課程大綱或考試申論題上。你應該仔細閱讀每份作業，找出指導老師給予的主題指示、他希望你使用的證據，以及論文應有的長度。謹慎遵循這些指示。主題可以是通論性的，只是必須在課程範圍之內：「你要寫一篇十頁的報告，主題需

---

4. Jeff Jeske, "Why Write," *Guilford Writing Manual*, http://www.guilford.edu/about_guilford/services_and_administration/writing/why_write/learn.html (n.d.; accessed 14 November 2008).

要你與指導老師達成共識。」或者主題可以是明確的：「寫一篇十頁
的報告，討論俄國革命期間，列寧於一九一七年提出『四月綱領』的
理由。」在一些課程裡，你可能被要求寫作一篇比較具有史學史風格
的論文：「克羅斯比、丹尼爾・赫德里克與愛德華・薩依德的作品都
談到帝國主義。寫一篇十頁的報告，探討他們對近代帝國主義態度的
差異。」

　　許多大學課程可能採用另一套做法──或額外的做法──要求你
寫短篇論文，要不是在課堂以外寫作，就是回答考試的申論題。通
常這些短篇論文的主題相當特定，你應該仔細閱讀作業內容以確定自
己真的了解；我們另外給了一些與這類論文以及考試申論題有關的建
議，就在〈附錄三〉中。但是，歷史課堂上有許多作業──即使是申
論題與短篇論文──是更通論性的。對許多學生來說，要在這種情況
下尋找主題是個嚴酷的考驗。職業史家常常遇到相同的問題，所以當
你開始研究時，不用感到沮喪。尋找主題的能力反映出你對資料的熟
悉度與思考深度。定義主題是個不錯的訓練。人文學科的教育──包
括歷史教育──應該教導你在人生中遭遇每個文本與主題時都能提出
問題與思索意義。提出問題，而後繼續提出更多問題，這是你要從事
的所有歷史寫作的核心。

　　你應該對課堂上提到的人物、事件、文獻或問題感到好奇。這份
好奇應能促使你自然而然地提出問題，特別是針對與你的研究或多或
少相關的主題。例如，在某一堂課上，你可能研究一九一七年俄國革
命，而另一堂課是美國在冷戰時期對共產主義與蘇聯的危險妄念，而
在第三堂課上，你可能思考謝爾蓋・普羅高菲夫的音樂。在研究與閱

讀這些主題時，你的好奇心可能引導你思索蘇聯這半個世紀的歷史以及在短短數月之間崩潰，後者並未被極少數應該負責的人所預見（即使他們認為此事遲早會發生）。這起驚人事件應能激起許多問題，而你很可能提出這些問題來滿足自己對此事何以發生的好奇，而這些問題可以引導出完美的歷史論文主題。

當你閱讀與上課時，可以自己做筆記，不僅快速記下你學習的東西，也記下你突然想到的問題，包括（或許尤其是）那些沒有明確答案的問題。有系統地記錄所有這類問題，或許可以記在上課筆記的另一個區塊裡。或者你甚至可以另外使用一本小筆記本——或一個特殊的電腦檔案——完全用來記錄這些觀念與問題；這類問題的蒐集可以提供大量的潛在論文主題。此外，絕對不要怯於思考已受到廣泛研究的主題。為什麼羅伯特・李統率的南軍在蓋茲堡戰敗？基督教具有什麼特質，使其能於基督死後三百年在羅馬帝國境內吸引眾多信徒？文藝復興時期的「人文主義」是什麼？乍看之下，你可能認為能說的早已說了。的確，這些主題已經出現許多說法。但當你閱讀史料時，你可能發現自己具有一種嶄新或至少某方面來說相當不同而值得探索的洞見。如果你仔細研究一些一手史料文獻，並且將其視為開啟通往產生這些文獻的時代或事件的窗戶，那麼尤其容易出現這樣的可能。

有時你可以根據自己的興趣與經驗找到有趣的歷史主題。如果你是個篤信宗教的人，你自然想了解宗教對過去的影響。不要以歷史論文來說服別人接受你的宗教觀點。宗教在世界事務上一直是最重要的一股力量，所以我們有時會感到詫異，很少有學生基於自己的宗教興趣探索宗教對歷史事件的影響。同樣的情況也反映在其他興趣上，

如運動、飲食、時尚與其他生活要素。與過去相比，歷史已經是開放許多的學科，只需要一點搜尋，你就能把自己的消費興趣或特定的個人條件轉換成好的研究論文。有個學生想知道該怎麼回答她孩子提的有關他們經常在早餐吃的香蕉的問題，於是她做了一些閱讀，思考問題，再提出一些問題，最後她完成了一篇優秀的歷史論文，解釋了香蕉如何在美國成為如此受歡迎的食物，雖然這裡幾乎完全未栽種這種具商業價值的作物。

然而，我們必須重複一句重要的公理：你的論文必須「言必有據」。在撰寫歷史之前，必須對一些事物有所了解。不要不假思索地寫下固執己見的論文；你的論證不能只重述自己的偏見。好的史家會閱讀，從閱讀中提問，然後再次閱讀，試圖寫出正確的東西。他們試著思考最初的問題、檢視問題的各個面向，並且聚焦於範圍限縮的主題上，在準備撰寫的論文範圍內選擇一個可處理的主題。你也應該這麼做。

在我們的經驗裡，學生論文最常出現的缺點是主題太廣泛而毫無重點；這些論文的作者並未嘗試改進主題，也未能根據證據發展原創的觀念。你不可能用「伍德羅・威爾遜」或「聖雄甘地」或「蘇珊・安東尼」這類題目寫出有趣而原創的作品。兩千字或甚至六千字的篇幅只能讓你簡述一個人的人生──或許只適合百科全書，而不適合用在提出論點的思考性論文。若你決定撰寫「第二次世界大戰的起因」或甚至「文藝復興時代的起源」，則會遭遇非常類似的困難；這兩個主題都太廣泛，光憑十頁左右的論述不可能做出有意義的分析。如果可以自己選擇題目，就選擇一個有限的議題與可用的一手史料或其他

證據，你可以深入研讀並且以指定的篇幅完成一篇論文。

即使你的指導老師指定特定主題做爲你的論文基礎，你還是可以進一步限縮主題或至少加以聚焦。思考我們之前提過的主題：「克羅斯比、赫德里克與薩伊德全都寫了與帝國主義有關的作品。寫一篇十頁的報告，討論他們對近代帝國主義態度的差異。」當然，你需要閱讀這三位作者的作品，並且判別每一位呈現的命題。然後，你必須比較這三種觀點，分析它們的異同。這些比較應該能引導你得出結論，而其中的特定論點（或命題陳述）可以讓你的論文「探索」帝國主義因果理論的「差異」。

無論你的指定報告或你首次認定的一般主題爲何，通常都能找到限制主題的方法，要不是限縮範圍，就是調整視角。像帝國主義這種廣泛主題，可以藉由聚焦於某個國家的殖民野心來限縮。就連法國帝國主義的範圍，也能透過只思考加勒比海乃至於僅限於馬提尼克島來限制。你主題的地理範圍通常也能藉由時間要素來限縮。你也許會考慮把帝國主義研究限縮到拿破崙戰爭之前（或之後）的時代；或者，你希望研究二十世紀的發展——例如國際聯盟或聯合國——對西半球法國帝國主義的衝擊。

但是，除了限制主題範圍，你或許也可以考慮改變視角。如我們之前提過的，新世紀的史家成功地從更廣泛的角度探討過去。在這種環境下，你有更多機會重新聚焦你的主題。幾年前，殖民主義的研究通常局限在大政治或者是殖民管理的細節上，偶爾也會發現重要領袖的傳記。然而隨著史家觀察過去的方式出現變化，你也擁有更多的角度限縮主題。

　　你不只可以針對個人，也可以針對人群提出問題。法國帝國主義如何衝擊法國本土的各個社會階級？或者，法國帝國主義的所做所爲對馬提尼克島的原住民產生什麼影響？法國在加勒比海殖民地的教育政策是否在提高男性的同時，也提高了女性的教育水準？你可能想到許多這方面的問題。簡言之，當你思考主題時，好奇心可以爲你開啓嶄新的質疑之路。當然，你會發現有許多限縮主題的方式，而你可以用新的論點來寫出有趣的論文。

　　然而在讓你的論文焦點更集中的同時，也要記住你的主題必須受到可用史料的限制。在某些狀況下，你的作業幫你免除了這個麻煩；特別是在回答申論題時，你只需閱讀或聆聽課堂討論過的資料。但如果是完成一篇論文，你通常要確定自己需要檢視哪些史料。正如你必須說明你對某個主題的興趣，你對某個主題選擇的寫作方式也必須以最初對既有作品與可用史料所做的調查爲基礎。你在改進與限縮主題的同時，也要盡可能蒐集可用資訊。我們鼓勵學生盡可能將這些初步搜尋的工作做得越廣泛越好，提醒他們總要找出比論文所需更多的資訊。

初步探究

　　網際網路與全球資訊網巨大而持續成長的潛力，也許是最簡單的工具，可以用來確定乍看之下屬於歷史謎團的事物是否眞的值得進一步研究。你隨即可以發現，數量驚人的網頁幾乎涵蓋了任何可能的

主題。然而記住，能連上全球資訊網的人也能建立網頁！某位作家或畫家或名人——無論在世或不在世——的崇拜者會在網頁上傳布自己崇拜對象的觀點，自然而然，各種狂熱說詞充斥於這類虛擬而無法控制的電子環境裡。如果你想在網頁上宣稱自己曾被外星人綁架，而且被帶到另一個銀河系去見林肯，沒有人能阻止你。美國社會什麼人都有，你或許可以得到人們的回應，他們還會告訴你，他們在外太空與林肯對話的內容！

　　二十一世紀受歡迎的快速資訊來源是維基百科，這是在二○○一年創立的線上百科全書。它有超過一百萬項的英語詞條（以其他語言寫下的詞條或許是此數的一半），而參與撰寫的作者有二十萬人以上，這裡似乎是個能讓你找到感興趣歷史題目的理想場所。事實上，最近的報導顯示，維基百科是最受歡迎的網站。不過，你應該非常審慎，不要太快仰賴維基百科的文章來回答你對某個主題提出的初步問題。

　　就像網際網路一樣，維基百科向所有想使用它的人開放。任何人都可以書寫詞條，而且任何人都可以編輯詞條！這個過程可以集眾人之力增進條目的精確性，而這也是網站創立者原先的想法。事實上，一些頗受敬重的評論者認為，維基百科上許多重要科學主題的資訊，還比印刷出版的百科全書更跟得上時代而且錯誤更少。但這當中也存在著惡作劇的可能。對某項主題心懷不軌的人可以修改資訊，而公眾人物經常發現今天條目上記載自己有哪些成就，到了明天卻成為醜聞，這些都是反對者為了個人或政治利益任意編輯的結果。這是網路做為一種民主溝通媒介的本質。簡短瀏覽一下這個令人好奇的網站

Wikipedia Vision——由拉茲洛・寇茲瑪創立——它戲劇性地顯示這種潛在的困境。[5]你可以看到世界地圖上閃現著每個修改維基百科英語詞條者的所在位置，這些訊號幾乎未曾間斷。當然，任何電子的破壞詞條行為都會被更正過來，但對你的論文至關重要的資訊卻可能就此消失。這個開放而且靈活轉變的資訊來源，使我們想起湯瑪斯・傑佛遜給同胞的訓誡：「時時警醒是自由的代價。」

　　儘管網路開放有這些問題，但不可否認，網路的確是個探究工具。許多珍貴而重要的資源都可以在網上找到，而且數量不斷增加。要利用這股潛力，無疑地，你必須使用各種可得的「搜尋引擎」來連結各個含有能讓你感興趣的主題資訊網站。最受歡迎的，有些人還宣稱是最有效的，就是目前流行的谷歌，網址是 http://www.google.com，以及緊追其後捲土重來的雅虎搜尋引擎，網址是 www.yahoo.com。這兩個網站以祕密的公式或演算法來評估每個關鍵字與其他相關網站的連結關係，以此排列出與你搜尋的關鍵字相關的結果。然而，所有搜尋引擎產生功用與否，全在於你鍵入的搜尋詞彙！絕大多數搜尋引擎都有進階的搜尋選項，我們強烈建議你使用這些功能，它可以幫你去除顯然無用的資訊，並且將結果限縮到與你的主題最相關的項目上。也要考慮使用同義字與慣用語來解釋你要探究的主題；不要單單只做一次檢索；你經常需要嘗試幾次才能找到各種可用的資源。

---

5. Lázló Kozma, Wikipedia Vision (beta), http://www.lkozma.net/wpv (2008; accessed 3 October 2008)：網站上的 FAQ 連結詳細說明了該站的運作方式。

　　當你檢視初步搜尋的結果時，記住，大部分搜尋引擎會特別嘉惠某些網站，因為後者的操作者會付費讓自己的網址排在其他網站前面。有時候這些贊助結果可以清楚辨識出來，有時則否。事實上，絕大多數線上搜尋引擎的操作參數經常變動。一些批評者表示，這種做法創造出階級體系，使某些網站在相同主題上可以決定其他網站的受歡迎程度。這不僅減損了搜尋價值，也提醒你在結束初步探索準備對主題進行更嚴肅的研究時，應對此多加留意。

　　當你持續初步探究時，也要記得使用可靠的電子通訊，尋求其他史家與學者的協助。網路上隨時充斥著討論的可能，包括新聞群組、聊天室、部落格與即時通訊服務，有些可能在你思考自己準備動筆的議題時能幫得上忙。它們的非正式性質使它們成為具吸引力的電子場所，你可以在這裡思考與你的主題相關的問題。這種非正式的性質，對你在剛開始寫作時必須進行的質問形式有很大的激勵作用，它能提供絕佳的機會，對可能的主題進行寫作。

　　然而，對追求歷史問題解答的人而言，比較感興趣的或許是略帶正式的討論清單，而清單中也包含了對特定主題感興趣的人。有些免費論壇在收到主題時會立即轉寄給群組中所有登錄的個人電郵信箱，其他論壇則由一名或多名主持者或編輯管理，他們會確保只貼出與清單主題有密切關係的訊息。後者有許多群組吸引了史家注意，特別是由學者集體贊助的 H-Net，Humanities and Social Sciences Online（人文與社會科學線上）。你可以在 http://www.h-net.org 找到超過一百項 H-Net 討論網路的目錄，可以由此連到各個將先前訊息建檔的日誌。雖然不是所有訊息都與歷史密切相關，但絕大多數都以廣泛的歷史向

度來思考問題。這些主題從 H-World（討論世界史的各項爭議），到 H-Quilts（討論百衲被的歷史與製作），到 H-Tennessee（大部分與田納西州的歷史和地理的討論及資訊有關），以及其他許多主題。

H-Net 的討論網路提供對各種主題（不受群組本身關心的主題影響）——書籍與文章，證據的謎團，當前流行的問題——提出問題的機會。每個討論群都有自己的規則，包括成員加入與退出的方式。需要提醒的是，同時加入各個群組會有一種潛在危險，你的電郵信箱很快會塞滿大量不想要或不需要的資訊。你在加入時可以設定選擇來減少這類問題，通常是限定每天只收取各項訊息的摘要。一定要閱讀剛加入時收到的歡迎訊息，以了解如何設定。這些群組的確構成了寶貴的學術社群，你在任何時候都可從中獲益，無論是一開始對可能主題進行研究，還是悶不吭聲地閱讀日後可能對你有益的貼文。H-Net 的討論要比無拘無束的聊天室與部落格稍微正式一點，但它們仍維持非正式的風格，方便你開啓提問的過程。

即使我們鼓勵學生充分運用電子資源，但還是常常對學生把電子資源當成唯一資料來源感到沮喪。無論如何你都應該閱讀印刷出版的百科全書與其他參考資料，以取得與主題相關的廣泛視野。如果你在各種參考書裡查閱同一個主題的資料，相關的核心事實將在你的記憶裡留下印記。別忘了，一些古老參考書之所以珍貴，在於它們出版當時對相關主題提供了廣泛認可的信念，其中一些——例如於一九一一年出版的第十一版《大英百科全書》——更是以收錄的詞條品質著稱。圖書館參考室收藏了標準的大部頭百科全書，以及單冊的參考書，例如《新哥倫比亞百科全書》（史家的最愛之一）。許

多百科全書也有數位格式，透過圖書館電子網路與網際網路流通，例如你可以在網上查閱第十一版的《大英百科全書》，網址是 http://www.1911encyclopedia.org。與維基百科一樣，你會發現此處是開啟研究的有趣場所。

此外，還要查閱與你的研究領域明確相關的參考資料，包括百科全書、字典，與其他在圖書館以及有時在全球資訊網可以找到的參考書。不僅像藝術或音樂這類廣泛的研究領域，就連殖民主義或甚至和平與締造和平的歷史這類專門領域，都會在一些重要參考書上提及。我們經常查閱的參考書是七冊的《新觀念史大辭典》，你通常能在裡面找到你的歷史論文想討論的觀念資訊。（最初的五冊《觀念史大辭典》出版於一九七〇年代，現在已經絕版，你可以在網上查閱，網址是 http://etext.virginia.edu/DicHist/dict.html。）另外，我們還經常查閱《布魯爾成語與寓言辭典》，這部辭典從一八七〇年以來的各種版本都可得見（一八九八年的美國版可在網上查閱，網址是 http://www.bartleby.com/81）。另外還有更晚近的由桃樂西・歐契特編纂的《歷史典故與名祖辭典》。這兩部辭典可以做為思考與寫作各種歷史問題的起點。

如果你正在思考與宗教有關的主題，你也許可以查閱十五冊的《新天主教百科全書》，它涵蓋了宗教人物與各種宗教運動的大量資訊。（最初的《天主教百科全書》出版於一九一五年，可以網上查閱，網址是 http://www.newadvent.org/cathen/。）《新標準猶太百科全書》為猶太人與猶太教歷史提供了類似的資料來源。（於一九〇一到一九〇六年間出版的早期《猶太百科全書》可以在網上查閱，網址

是 http://www.jewishencyclopedia.com。）如果你的可能主題與名人有關，那麼你應該查閱傳記目錄，無論是廣泛還是專精的研究都用得上。《國家人物傳記大辭典》是研究英國史的必備參考書。《美國人物傳記大辭典》品質較差，有時令人失望，但還是可以從裡面找到可能做爲歷史研究主題的美國重要人物的有趣資訊。許多圖書館收藏了古老的十九世紀傳記百科全書，裡面的文章幾乎都是讚美之詞，而且被記載的人物——幾乎都是男人——似乎給了某方面的好處（或許是出錢買書），讓自己的姓名能登載上去。雖然如此，這些書仍不可輕忽。

　　不要猶豫於使用外文參考書。即使你無法閱讀或未能精通外文，你還是可以找到插圖、地圖或其他有用的資料。如果你曾經學習一到兩年的外文，你會發現你比自己所想像的還要能閱讀文章。這項發現會讓你更進一步的使用外語，對歷史系學生來說，這是一項福音，使用外語資料可以讓你在絕大多數歷史領域進行更進階的研究。你找到的一些文章——許多英文參考書也是如此——最後都會附上簡要書目，列出標準的作品，你可以從中找出與主題相關的詳細資訊。

　　史家最重要的參考資料來源是針對各項主題編製的書目，這些書目無論廣泛或狹窄，有些由學者專門編纂成參考書，有些由史家收錄於自己的作品與文章裡。你通常可以在圖書館的參考室發現許多書目；你可能看到其他人使用圖書館目錄，他們會在自己尋找的主題上另外查閱或增添次類別的「書目」。其中也有一些珍貴的通論性書目。例如，你應該查閱常見的《美國歷史學會歷史文獻指南》，現已出到第三版，編輯者是瑪麗‧貝絲‧諾頓與潘蜜拉‧傑拉第。這兩大

冊作品是書籍與文章的資訊寶庫，涵蓋了世界歷史的各個面向。你也可以在全球資訊網上找到一些專門的參考書目。有些書目附有註解，亦即編纂者對於引用的書籍、文章與其他資料做了簡短的評論。不過也可能出現寫作者對資料來源的判斷太嚴厲或太寬鬆的狀況。儘管如此，這類書目通常可以提供有關書籍與文章內容的珍貴資訊。你閱讀的作品如果附有書目與註釋，會有一些額外的好處：它們通常反映出作者在某些主題的最重要作品上所做的最佳判斷。

　　你可以自行決定在初步探究時尋求這類資源，並且在有需要時尋求幫助。我們肯定本書前幾版提出的建議——聰明的學生與聰明的教授應該學習與參考室館員討論資訊來源。而這些討論應該不限於書籍與百科全書，而是進一步涵蓋電子搜尋技術與資訊檢索，以及資料來源的評估問題。眼下已有許多涵蓋廣泛主題的參考書與研究工具，而且每年這類書籍的出版數量越來越多。參考室館員的工作就是熟悉大量的參考書籍，並善用他們的知識（以及你的指導老師的知識）。遵循他們的建議來使用可得的參考資源。但是，如果你把想到的每一個與可能主題相關的問題都拿去問參考室館員的話，則結果不可能完全令你滿意。在尋求研究協助之前，你能做的——而且是「該」做的——搜尋資訊的工作還不少。

辨識關鍵史料

　　你對可能的主題所做的初步探究越是完整且成功，你的努力就越

可能引導你走向關鍵史料,並且使你實際運用這些史料來研究你最終
決定的主題。在改善主題之後,你現在可以運用各種工具——其中許
多是資訊索引——建立一張包含二手與一手史料的可能清單。如果你
要寫出一篇好的歷史論文,無論二手或一手都不可遺漏。

二手史料

　　二手史料——源於對一手史料的分析——是你撰寫歷史論文時需
要使用的資訊之重要部分。這些二手史料是史家與其他人的作品,他
們檢視過去的人——通常是事件的參與者——創造的資料,並以所得
成果爲根據來解釋過去。這些作品許多出自於以研討歷史主題爲主的
學術雜誌或期刊文章。有些期刊文章討論的是歷史的特定面向(中古
時代、軍事事務、科學、藝術、女性)或世界某特定地區的歷史(法
國、非洲、中東、肯塔基州)。另一些期刊——如《美國歷史評論》
與《世界史》——涵蓋的範圍就跟歷史學本身一樣廣泛。只要花一、
兩個小時仔細閱讀這類期刊,你會發現其中許多議題觸及你的主題。
由於你在歷史課堂上寫的論文比較類似於期刊文章而非書籍,所以期
刊應可提供你可模仿的寫作與思考模式。

　　想獲取廣泛的二手史料,你必須掌握的核心工具是各式各樣的索
引,它們能協助你找到雜誌與學術期刊上的文章。絕大多數的索引都
可在地位崇高的《期刊文獻讀者指南》中尋得,這本指南從一九〇〇
年開始定期發行,全年不斷更新,每到年底就會出版一本龐大而紀錄
詳盡的版本。《讀者指南》調查的對象只限以一般大眾爲讀者的期刊

雜誌。然而，不要瞧不起這種做法。雖然你無法從《讀者指南》找到專業史家閱讀的專門期刊刊載的論文，卻可以發現重要專家寫的有趣而優秀的文章。

近年來，這類索引許多已轉為電子格式。這為寫作者帶來極大便利，通常只需一次檢索——鍵入幾個經過篩選的關鍵字——就能得出大量可供檢視的條目。你的圖書館很可能已經連上這類型的幾個資料庫。然而，這些電子索引鮮少涵蓋數年前的索引結果；絕大多數未包含一九八〇年代之前出版的資料。所以你必須知道特定電子索引的年代限制，然後檢索電子索引未包括的索引書籍（如果查閱得到的話），唯有如此你才能自信地認為自己已徹底搜尋所有可能的資訊。

有些電子資料庫能讓你查詢完整的文章內容，其中經常提供快速檢索的一種資料庫是 JSTOR，即學術期刊檔案。你可以搜尋一百五十種以上的歷史學與其他領域的專門期刊全文，大多數期刊近五年來出刊的內容均完全齊備。而且你可以收到基於研究需要而希望閱讀的個別文章電子複本。（這些電子複本以可攜式文件檔案傳送，通常稱為「可攜式文件格式」；要閱讀這類檔案你需要在你使用的電腦上安裝 Adobe Acrobat Reader。免費下載的網址在 http://www.adobe.com。）JSTOR 只能在訂閱此項服務的圖書館使用；目前全美有一千五百個機構（絕大多數是學院與大學）訂閱 JSTOR，美國以外的全球地區則有近一千三百個機構訂閱。訂閱 JSTOR 的機構名單可在 JSTOR 的網站找到，網址是 http://www.jstor.org。JSTOR 無疑是個極有價值的研究資源，如果你的圖書館有訂閱這套服務，你應該利用它來進行研究。

有些圖書館除了訂閱 JSTOR 外，也訂閱了 Project Muse（或者

是不訂閱 JSTOR，而改訂 Project Muse），後者提供了約三百種學術期刊，內容包含各個領域，可藉由電子途徑取得。它的資料庫也可充分搜尋所有可利用的文章全文。如果你的圖書館訂閱這套服務，你可基於研究需要收到你的機構選購的期刊文章電子複本。不過與本書一樣，Project Muse 強調能讓使用者使用到當期的期刊。以 Project Muse 擁有的期刊而言，它的確收藏了這些期刊過去的文章，至少期刊被納入 Project Muse 之後陸續刊行的文章是你可以利用的。但是 Project Muse 的資料庫並未包括絕大多數期刊的所有過期內容，這點與 JUSTOR 不同，後者保存的過期內容相當廣泛（例如在 JSTOR 資料庫中，《美國歷史評論》可以一直往上回溯到十九世紀的創刊號）。

其他許多電子資料庫還附有專家讀者認真撰寫的摘要。經常使用這些摘要可以節省你的時間，但你應該審慎判斷它們是否能清晰而完整地提示文章內容。有兩種索引對史家來說特別重要。《歷史研究索引摘要資料庫》）涵蓋的世界史與歐洲史主題特別詳盡，它每年發行，持續了數十年，從一九八一年起又以電子格式發行。它的紙本、光碟與全球資訊網檔案包含了數千部書籍與文章摘要，而且依據作者、主題、時代與地點製作了索引。你可以瀏覽摘要找出與任何歷史主題相關的資料。《美國歷史文化資料庫》每年更新，內容包括以美國史為中心的文章摘要與引述，以及書評索引。《美國歷史文化資料庫》可以回溯到一九六四年，與《歷史研究索引摘要資料庫》同樣擁有驚人的資源。絕大多數學院與大學圖書館都擁有這兩種資料庫；你應該向參考室館員請教如何在館內使用這些資源。也許你還需要詳讀年分更早的裝訂本索引，甚至所有年分的其他索引。這些資料的分量

可能相當驚人，但不要因此打退堂鼓。忽視這些寶貴資源對你的論文毫無幫助，規避它們只會讓你失去可能的好文章。

　　當然，你需要尋找的二手史料不是只有文章而已。養成習慣仔細查閱大學或學院圖書館的資源，尤其是查詢圖書館館藏與其他資料目錄。雖然圖書館使用不同的系統來呈現研究目錄，但多半大同小異。線上目錄是最常見的工具，而且你通常可用「作者」與「書名」，以及「主題」或「關鍵字」來搜尋資料。記住，圖書館目錄的主題通常採用國會圖書館創設的統一標題表。你必須「正確地」輸入這些，才能成功搜尋到主題。你的圖書館可能收藏了這些依字母排列的標題表裝訂本，不過，比較簡單的做法或許是先選擇一部你已經看過的作品，從這部作品「冗長」或「充分」的目錄紀錄中，觀察有哪些標題適合你的主題。更簡單的做法，你可以用自己特別感興趣的名稱或主題做為「關鍵字」來搜尋絕大多數的圖書館目錄。而最常見的做法是增加你的搜尋條件，要不是包含或排除其他特定詞彙，就是要求某個特定詞彙必須與你設定的條件分毫不差。絕大多數的目錄都有指示的簡易連結，能指導你進行進階搜尋。然而，結果將只會是那些被預選為圖書館館藏的資料。

　　有些圖書館擁有許多可用的資料，但有些圖書館並非如此，因此，一開始搜尋資料不能只限於輕易取得的資料。有一項廣泛資源是你可以使用的，那就是 WorldCat，它是世界聯合館藏目錄，由約九千座圖書館聯合俄亥俄州線上電腦圖書館中心組成。有時學生可以透過具有會員身分的學院圖書館來利用這項資源，不過並非所有聯合機構都會訂閱這套普及的資源。儘管如此，一些商業夥伴，包括一些

網路搜尋引擎，的確從廣大的 WorldCat 資料庫引用資料；關於這方面的資訊以及如何使用該項服務，請見 http://www.oclc.org/worldcat/open/default.htm。另一項可以做為 WorldCat 之外選擇的資源，在網路上供人使用已有數年的歷史，它是一種整合的線上目錄，擁有國會圖書館近一千兩百萬條書目紀錄；你可以連上它的網址 http://catalog.loc.gov。你花在觀看這些目錄資源與研究線上指示及使用者協助頁面的時間必將得到報償，有時還會得到遠多於你想像的資料！

　　你也可以經由你所在機構的圖書館或網路，而在其他教育的、公共的或專門的圖書館尋找與你的主題相關的資訊，並且在裡面找到目錄。如果你在自家附近的圖書館發現資料，你可以待在館內閱讀資料，有時甚至可以跟在自己的大學圖書館一樣借閱。如果沒有資料，可以考慮向其他收藏文章與書籍的圖書館提出「館際借閱」的要求。網路連結讓這個過程變得更簡單也更廣泛，因此你應該向自己所在地區的圖書館詢問，是否可以申請館際借閱。如果結論──就某些書籍或特別是某些期刊文章來說──是在你的圖書館或你的電腦上閱讀電子檔，也不用感到驚訝。

　　尤其，如果你仰賴來自比較遙遠的機構資料時，書評或許能協助你評估資料來源。許多歷史期刊包括了書評，而一些期刊文獻索引──其中許多是以電子檔形式供人使用──也能協助你找到書評。你可以查閱《圖書評論資料庫》，它提供了近一個世紀以來已出版書評的指南。你可以在這個專門索引中以書籍作者的姓名搜尋書評，通常是在書籍首次出版後緊接著幾年便能搜尋得到。《圖書評論資料庫》包括了一些學院期刊，也包括提供給明智大眾閱讀的比較流行的評

論，但這類書評也能為你的資料來源提供寶貴洞見。評論者會告訴你，這本書是否重複了舊資訊、具有創新的見解、與既有的詮釋相左，以及這本書是否文筆流暢還是難以理解。

越來越多的網站提供線上書評，其中特別重要的是 H-Net Review（網址在 http://www.h-net.org/reviews），它還提供了近年出版的書籍書評。大多數學術網路與 H-Net「人文與社會科學線上」書評委員會有著緊密連繫，而且實際上有數千筆書評在這個網站上建檔。更重要的是，整個資料庫可以以你選擇的關鍵字或其他參數來進行搜尋。這座電子書評檔案庫是一項特殊的研究工具，但你很快會發現，這些書評偶爾會出現猛烈的論戰，並且呈現出史家最糟的一面。當然，有些作品應受抨擊，因為它們忽視學術證據或呈現片面主觀的看法。更常見的是，無禮的評論顯露出心胸狹窄與嫉妒。而令人遺憾的，對歷史問題提出激進嶄新觀點的史家經常受到舊信仰者的打擊，後者認為真理是長久以來的定論，沒有修改的必要。此外，除了閱讀大量書評外，幾乎沒有更好的方式可以做為歷史專業的敲門磚。無論如何，你應該盡量閱讀同一本書（特別是你可能使用的二手史料）的各種書評，不同的學者對於同一本書會有不同的強調重點。你可以從中取得資訊（少了這些資訊，你將會迷失），而且更完善地評估這些做為資訊來源的書籍。

除了書籍與文章外，你還需要考慮其他的二手史料，而非只是注意貼在網站上的類似資料。你可能發現其他人思考著與你的主題相關的電影與新聞詮釋。歷史事件與人物一直是電影的主題，不僅為了記錄實際發生之事，也為了呈現過去以獲得娛樂效果。隨著電視頻道的

不斷增加，如著名的《歷史頻道》，以及錄影帶與光碟的容易取得，
這些電影的過去版本成了更普遍的歷史資訊來源。幾乎所有這一類的
電影都是二手史料，因為它們呈現的是製片眼中與製片詮釋的過去。
即使是最好的紀錄片——例如由肯‧伯恩斯拍攝的有關美國爵士樂、
棒球與南北戰爭的紀錄片——本身也不是一手史料，而顯然是技術高
超的說故事人與工匠的創造，他們以一手史料呈現對過去事件的詮
釋。

　　許多以歷史為主題的劇情片——最近的例子如《慕尼黑》與《怒
海爭鋒》——希望能忠實地呈現過去，不過仍經常遭受史家批評它們
不注意歷史細節。無論如何，電影的確與過去產生了戲劇性的連結，
這種連結特別能滿足我們將文字視覺化的渴望。此外，電影提供的
影像深刻影響人們閱讀歷史論文的方式。因此，當你準備論文時，與
你主題相關的電影可以（而且應該）成為你查閱的史料之一。但要記
住，你必須像評估其他史料一樣來評估電影，不要因為它的形式特殊
而採取不同的做法。

　　你也可以從其他流行媒體尋找二手史料，例如報紙與雜誌。這
兩種出版物的特徵在於它們會對特定主題進行分析，而這些特定主題
包括了（或甚至主要是）思考特定主題的歷史背景。之所以如此，或
許是因為新聞記者提出的問題類似於史家，而他們的文章有許多通常
可助你搜尋史料。一些大報如《紐約時報》與《泰晤士報》累積了許
多專欄主題與作者的索引，而各期的內容也已製作成可廣泛使用的微
卷。其他報紙也有可搜尋的線上資料庫，不過通常只限訂閱服務者使
用。然而，一旦你找到（與評估）這類故事，可能會發現其中有一些

對你即將撰寫的論文有著極大的重要性。

一手史料

　　當然，報紙也可能包含一手史料，特別是記者或其他作家寫下的直接觀察。報紙的資料也說明了有時根據史家使用方式的不同，相同的文獻會被視為一手或二手史料。例如，二〇〇三年四月八日，《紐約時報》上有一篇由德克斯特・菲爾金斯撰寫的報導，他表示，當美國海軍陸戰隊第一師完成挺進伊拉克巴格達的任務時，遭遇到「溫暖的歡迎與頑強的抵抗」。**6**對於討論二〇〇三年美國進攻伊拉克的論文來說，這篇文章或許是二手史料；但對討論「隨軍」記者（參與美國國防部的戰時採訪實驗）歷史的論文來說，這篇文章卻是一手史料。以這種方式理解報紙（與其他）的資料來源，有助於為你的主題區分二手與一手史料。

　　好的歷史論文應該「總是」提及一手史料；你也應該這麼做。要注意自己的論文可能提到的各個作者的作品版本。要使用你寫作時提到的人所寫的文本，以賦予你的作品權威性。當你使用任何版本的全集或選集時，要檢查出版的時間。有時同一件作品有不同版本。這些版本的種類可能有差異。最珍貴的是全集版，它蒐集了所有留存下來的文本，並且編製了索引，有時還會附上作者生存時代的其他資料。

6. Dexter Filkins, "Warm Welcome and Stubborn Resistance for Marines," *The New York Times*, 8 April 2003, A1.

在判別你的史料帶有哪些觀點時（無論考慮其出現的時間或針對的讀者是誰），史料的版本是不可忽略的。

　　尋找演說或布道、出版的日記本與書信版本等等相當普遍的史料收藏。此外，閱讀已出版的（以及未出版的，如果你能取得的話）自傳，但要保持懷疑。運用相同的歷史考證標準來處理其他史料：這段描述「合理」、「可信」、「精確」，而且可以被「證實」嗎？記住，當任何人寫下任何與自己有關的描述時，他們自然會產生一股欲望，想在後人面前塑造自己的形象。自傳與回憶錄幾乎總是帶有大量的虛構。不過，它們還是帶有一點真實內容——只是有成分多寡的差異。最近詹姆斯·弗萊的回憶錄《勒戒生涯》，以及他明顯對其中許多細節所做的虛構而引發的眾怒，使人開始注意到這類問題。弗萊辯解這當中含有「情感真實」，卻惹來更嚴厲的批評。然而這個問題相當真實，就連撰寫回憶錄的史家也會犯下相同的錯誤，例如弗蘭克·馬塞亞斯的想法就與弗萊類似。在《GI Jive：第二次世界大戰的一名軍中樂手》中，馬塞亞斯詳述自己身為一名年輕士兵，在南太平洋的遭遇，之後他坦承自己運用了「我的記憶、我的書信與一些想像來呈現一幅真實的圖畫。」[7]

　　或許這是絕大多數史家喜愛閱讀這類史料的原因。與照片一樣，這類史料使我們與已逝過去及不認識的人產生親密感，而且與照片、演說、日記和書信一樣，它們的年代日期經常可以確定。你可以

---

7. Frank F. Mathias, "Writing a Memoir: The Involvement of Art with Craft," *The History Teacher* 19 (1986): 378.

很快地發現到，這類史料屬於某個時間與地點，但又處於永恆的事物之流中，而它們似乎讓時間暫時靜止下來。布道與演說讓你感覺到某人想傳遞公眾的形象與訊息。至於日記與書信集，經常以一種相對較無防備的文字風格來呈現自己，對日常生活的評論不像在公眾面前發言那樣戒慎恐懼。日記與書信作者的私人人格或個性，可能不同於他在演說或為大眾寫作的文章所呈現的公眾形象。但要注意的是：馬塞亞斯也以史家的身分——而不是以曾是二戰士兵的身分——警告，在回憶錄中，正如在照片、布道、日記、演說與書信中，「想像必定增益真實」。[8]

　　通常，與一般主題相關的大量史料會以比較容易使用的形式加以蒐集與出版。其中最知名的是《反叛的戰爭：北軍與南軍的官方紀錄檔案》，全書於一個世紀前出版，共七十冊，現在可在網上查閱，網址是 http://moa.cit.cornell.edu/moa/browse.monographs/waro.html。原始版本已製作索引；然而線上版的搜尋功能卻龐雜而難以使用。新的光碟版有較佳的搜尋選擇，而且包含額外的相關資料。這套龐大的服務資源幾乎蒐羅了南北戰爭時期雙方軍隊內部往來通信的每一張小紙片的抄錄本，其數量確實非常驚人！南北戰爭的砲火震耳欲聾，在這種狀況下，人們無法聽到彼此說話的內容，因此在戰場各處傳遞書面命令要比過去的戰爭來得常見，而數千張這類命令已由編輯群加以蒐集。

8. Mathias, 279.

　　我們可以將其他數百件有助於你進行研究的一手史料詳細列出，其中有許多已能從網上或藉由其他數位格式取得。無論你的主題是什麼，查閱其中內容，看看是否能發現與你論文相關的文獻。當你搜尋圖書館目錄或使用網路搜尋引擎時，除了你的主題關鍵字，你還能以「資料來源」或「個人敘述」做為額外的參數；這些是國會圖書館標題表使用的主要條件，可以指示一手史料的資料。瀏覽你發現的資料，即使乍看之下似乎與你的主題無關。你也許會感到驚喜，但要記住，總要以考證方式檢視你發現的一手史料。

　　許多博物館，無論大小，通常收藏了歷史文物，你可能希望這些文物也能成為你論文運用的史料。近數十年來，這類收藏品的數量大幅增加。許多收藏室已對物質文化的各項元素做過調查，可以協助你了解這些元素如何與你的論文主題產生連繫。然而，就像你希望使用的每一件史料一樣，你必須謹慎評估這些文物。歐斯蘭德教授曾為文（我們在第一章提過）表示，你不僅應該思考「人們如何與文物產生連繫」，還應該思考「在特定歷史脈絡下……字詞、影像與事物之間關係的性質」。[9]不要因為這些要求而打退堂鼓，要把它想成是一項擴展你對各種一手史料運用的挑戰。

　　你也許會發現自己的大學圖書館也有檔案室或手稿室，裡面收藏了未出版的信件、日記、備忘錄與其他資料。尋找這些資料，看它們是否與你的主題相關。許多圖書館與檔案館現在也收藏了口述歷史、

---

9. Auslander, 1018.

錄音帶與人們（無論知名與否）討論過去及他們參與過去事件的紀
錄。有時，你可以從人們描述過去事件的聲調中學到東西，不過有些
訪談只能以書面抄錄本的形式取得。或者，舉例來說，你打算撰寫第
二次世界大戰或韓戰的某些面向，你也許可以找到願意告訴你他們的
經驗、給予你第一手歷史觀點的退伍軍人。同樣地，有些目擊者和參
與者對於美國民權運動、越戰、經濟大恐慌、歐洲的猶太人大屠殺以
及許多事件，仍記憶鮮明。

　　曾經參與重大事件或經歷過特別有趣的時代者，通常很願意分
享自己的經驗。不要害怕寫信或打電話向他們要求訪談，不過如果當
事人不希望被打擾，那麼一定要尊重對方的意願。儘管如此，最佳的
訪談永遠是在面對面之下進行。為了準備訪談，你必須盡力蒐集受訪
者的一切資訊，事先擬好問題。深入探索每個問題。聆聽受訪者的說
法，然後找機會向對方請教更細節的問題。可能的話，用錄音帶或錄
影帶錄下你的訪談；如果不行，一定要留下完整的筆記，釐清與確認
任何你希望記錄的確切引文。

　　其他可以用來撰寫歷史的一手史料，也可以從全球資訊網大量取
得，其中一些史料出現在較不明顯的地方。最近一名史家坦承——如
果這是個恰當的詞彙——他以 eBay 的線上拍賣網站做為研究地點。
強納森・懷特對於南北戰爭期間北方民眾的情感表現很感興趣，他發
現有個名叫「企業拾荒者」的 eBay 賣家打算販售一批對他的研究相
當重要的物品。懷特從來沒有在任何資料庫或網路找到這些卡片、
封面與單面印刷品，他認為 eBay 提供「學者一個獨一無二的良機去
查閱或使用這些物品，因為就算你花了幾個月透過圖書館目錄進行

搜尋,也絕對找不到這些東西」。[10]就算換成別的主題,情況也是一樣。

　　懷特的取徑雖然不正統,卻提醒我們,全球資訊網可以是一個潛在資訊的儲藏地。許多重要或特別有價值的網址清單可以提供給大學歷史系學生,這些網站通常包含了傳記與回憶錄的全文。製作這些清單是為了協助你對網站進行必要評估,而這也是你研究過程的一部分。本書無法一一介紹這些清單,但我們相信有幾個網站對學生特別有用,不只因為它們是開放給公眾使用的一手史料文獻。

1.國會圖書館 http://loc.gov

　　除了圖書館目錄外,國會圖書館網站的重要之處在於它的 American Memory 蒐集了許多可供使用的美國史一手史料。而最近增添的 Global Gateway 提供了與世界史相關的資料與資訊,包括國會圖書館館藏的一些一手史料。American Memory 與 Global Gateway 都可從首頁的連結進入。

2.世界史資訊網 http://chnm.gmu.edu/worldhistorymatters

　　由歷史與新媒體中心贊助,這個相對較新的網站不只介紹歷史資料,也介紹如何有效地教導與學習世界史。這個網站有個令人振奮的特點,它對其他許多國家的兩百多個線上一手史料檔案做了思想與學術性的評論。

10.Jonathan W. White, "An Unlikely Database: Using the Internet Creatively in Historical Research," *Perspectives: Newsmagazine of the American Historical Association* 44, no. 3 (March 2006):53.

3.文本與文獻網路檔案庫 http://History.hanover.edu/texts.html

　　漢諾威歷史文本計畫，原本收藏了廣泛的一手與二手歷史資料，二〇〇〇年七月後規模被大幅削減，條目數量已大不如前。儘管如此，這座新檔案庫仍保留原先計畫檔案的大部分文獻連結，或許更重要的是，它也可以連往其他許多歷史資料網站。這個網站特別齊全的領域是歐洲史。

4.歷史文本檔案庫 http://historicaltextarchive.com

　　首次創設是在密西西比州立大學，這個檔案庫在不到十年內搬遷了兩次。至今仍持續提供完善的文章與書籍收藏，以及超過五千項各種歷史領域的相關資料連結——還有不少廣告連結，這是為了維持網站繼續經營的必要做法。

5.老貝利線上檔案庫 http://www.oldbaileyonline.org

　　最近新增的一個一手史料線上收藏，提供了倫敦中央刑事法院記錄的原始文獻之文字與數位資料。涵蓋了三個世紀（從一六七四到一九七三年）的英格蘭生活，這個資料庫是「有史以來追溯平民生活的可搜尋文本中最大的一個」。[11]

　　這些似乎都是穩定的網站，你可以放心引用在這裡找到的文章。但是其中兩個網站的經驗深刻地提醒人們，使用全球資訊網進行歷史研究時該注意什麼事情。網站總是處於變動狀態，清單上的任何

11.Tom Bowers, "The Old Bailey Online," *History Today*, June 2008, 65.

一個優良網路資源都有隨時關站的可能。當然，大家都知道書籍也會
消失，其原因不只是因為廣泛使用。檔案可能因天災人禍（例如火災
或管理不善）而破壞。但不知何故，全球資訊網變幻無常的性質通常
讓史家更為不安。網路無法取代好的圖書館，但不要讓這種想法使你
對網路資源避之唯恐不及。謹慎地使用網路；充分運用可用的搜尋引
擎功能找出可能的資料；保存你找到的完善紀錄；應重新瀏覽已經看
過的網站，以確定自己已正確記錄網址與其他資訊。此外也要試著了
解，尋找（與再尋找）網路資料過程所出現的問題不一定出在網站史
料上，也可能出在通往你使用的電腦之傳輸過程上。

此外也要記住，一手史料也可包括種類廣泛的資料，例如照
片、物品、繪畫、雕刻與建築。麗雅娜‧瓦爾第一九九六年的傑出論
文〈近代早期歐洲的收成想像〉，討論一五〇〇年以來三個世紀的藝
術家對農民的呈現。她顯示，在田裡工作的農人逐漸從田園景色的繪
畫中消失。在比對了同時期的詩作之後，她認為城市居民與貴族對於
農民越來越感到懼怕，後者經常因為生活的艱困而發起暴亂。然後，
到了十八世紀，農民再次出現於畫中，他們看起來溫和、順從而幸
福。[12]這些繪畫以黑白的形式在文中刊出，成為瓦爾第教授用來認定
數世紀前民眾態度的核心一手史料。

你或許也會為你的論文尋找重要的視覺資料。但你不可誤以為所
有的影像，特別是照片，都可以如你想像的複製出現實。艾倫‧崔奇

12.Liana Vardi, "Imaging the Harvest in Early Modern Europe," *The American Historical Review* 101
   (1996): 1357-1397.

坦堡二十年前在〈戰爭相冊：論解讀南北戰爭照片〉一文中對這個現象提出他的理解與解釋。有許多南北戰爭的照片（其中不乏知名的照片）形塑了這場衝突在日後的形象，但崔奇坦堡教授寫道，這些照片「與其他形式的證據一樣，有著曖昧模糊的缺點。它們無法回答最基本的文獻問題，例如：誰在何時、何地、做了什麼、爲什麼做」。[13]我們完全同意他的看法，而且我們要再次鼓勵你對「所有的」史料提出質疑與仔細地評估它們。

　　但在思考論文一手史料的同時，瓦爾第教授的文章應該也提醒你不要排除文學——詩、短篇故事與小說——的可能性，文學經常捕捉它們寫作當時的時代氣氛與精神。雖然文學的史料有時難以詮釋，尤其當中會有作者經常使用的隱喻與偶然出現的個人表達，但在許多例子中，文學與歷史主題的連結其實相當清楚。思考，例如這首一八九九年的詩，〈挑起白人的負擔〉，由著名的出生於印度的英國詩人拉德雅達・吉卜林所做，他特別爲這首詩加了副標題，〈美國與菲律賓群島〉：

　　　　挑起白人的負擔——
　　　　　把你們培育出來最優秀的人送去——
　　　　把你們的子弟綑綁起來離鄉背井
　　　　　去滿足你們俘虜的需要；

13.Alan Trachtenberg, "Albums of War: On Reading Civil War Photographs," *Representations* 9 (1985): 2-3.

戴上沉重的馬具

　駄負起急躁、狂野的民眾

你們剛捕得的、慍怒不悅的族人，

　半是魔鬼半是孩子。

．．．．．．．．．．．．．．．．．．．．．．．．．．．．．．．．．．

挑起白人的負擔——

　你們不敢自居卑下——

也不敢高呼自由

　掩飾著自身的疲憊；

你們大聲哭嚎或低聲啜泣，

　你們撒手放棄或努力不懈，

沉默的慍怒不悅的族人

　方願信拜你們的神明與你們。**14**

　　如果你正在寫一篇有關美國帝國主義——或一般的帝國主義與殖民主義——的論文，那麼這首詩做為一手史料的重要性應該很清楚。這篇簡短的詩文捕捉了那個時代殖民心態的一些核心表達，而且為你的論文額外提供了一個向度。你經常會想到一些文學作品，或許不像吉卜林那麼有名，但它們可以讓你的寫作更加生動。你也許需要做一點額外的閱讀，以確保你的詮釋不會太偏離主題。要考慮到，努力也

14.Rudyard Kipling, "Take Up the White Man's Burden," *in A Choice of Kipling's Verse*, ed. T. S. Eliot (New York: Anchor Books, 1941), 143-144. 有許多版本可以取得。

是你運用史料寫作任何歷史論文之前必須要有的一部分評估過程，而你要寫出好的作品，努力工作絕不可少。

為研究做出結論

　　即使到了這個階段，你仍未完成所有能幫助你寫出論文必需的初步工作。你也許以為史家總是循序漸進遵守這些步驟，但是記住我們之前的忠告！實際上，事情很少進行得如此順利。史家一開始訂定一個主題，在研究時發現另一個主題，在開始寫作時又改變心意。當他們寫作時，會重新界定主題，而當他們重新界定主題時，又會做更多的研究。寫下這類想法經常顯露出你在知識上的漏洞，於是你重新研究以填補漏洞。而當你進行研究時，你將從你閱讀的其他資料產生各種想法。當你獲得更多經驗，你將發現寫作是一段前後跳躍的過程，但無論如何它都關聯著你最初開始研究的寫作模式，並且持續到論文完成為止。

　　你當然想盡辦法發現更多可能的史料，因此從研究之初就要小心保留你「自己的」工作書目，即使你只是在尋找可能的資料。早一點開始，你將免於讓自己遭遇許多不幸。學生太常為這種事來找我們，當他們完成歷史論文定稿時，往往要求額外的書目資訊，包括——這種狀況發生了不只一次——與他們主題有關的「那本綠皮小書」的書名，或者某一段不那麼有幫助的敘述之參考文獻，因為他們想不起來自己運用什麼特定史料。你的研究書目應該包括與書籍、文章、網

站、參考資料及其他你發現的史料有關的完整資訊，也要包括用來補充這些資訊的進階閱讀推薦書目。你也許會想在筆記本或小索引卡上記下這些資訊。不過，卡片的價值——隨著參考文獻數量的增加，這些卡片可以輕易地重組或增添——已被功能相同的電腦文書處理或筆記程式所取代。

　　但是，不要把編製完整書目變成寫作的目的。為了完成所有可能的主題研究而將寫作延後，會是一項災難。許多史家為了多讀一本書或一篇文章而遲遲未能寫作，最後導致失敗。這是弗雷德里克・傑克森・特納遭遇的命運，他在提出著名的美國史「邊疆理論」之後，人們期待他能寫下更多重要的作品。他與出版社簽下數份合約，卻未能寫出任何作品。史家霍夫斯塔特遺憾地描述特納的遭遇，以下這段文字應該銘記在每個試圖延後寫作的史家心靈之中！

　　　　（特納）變得多疑，他的傳記作家清楚提到，反覆無常的性格使他「無法持續努力完成重要的學術作品」。「我恨寫作，」他在晚年突然脫口對學生說：「我幾乎不可能做到這件事。」但這是經歷了漫長而艱困的嘗試後所做的自述。一九○一年，當他四十歲時，特納簽了九本書的合約，但沒有一本書寫完，甚至有幾本書連動都沒動過，他的人生是一連串與失望的出版商書信往返的過程。就一個學者家庭來說，特納家的生活過得相當奢華，在娛樂上也毫不吝嗇，因此他承諾寫作教科書所帶來的收入自然受到歡迎，但收入的紅蘿蔔卻比不上責任與野心的棍子

有效。特納在威斯康辛大學的教學時數受到削減，希望如此能提升他的生產力，然而生產的卻只是他與大學理事會的爭執。特納不願投入歷史寫作的想法如此強烈，以至於哈特——一位紀律嚴明的編輯，以冷酷的精力管理美國國家系列叢書的作者群——只能以一連串不尋常的緊迫盯人信件與恐嚇電報逼他寫出《新西部的興起》。哈特最終認為這是他最了不起的編輯成就。「我的墓碑應該刻上這句話——我是世上唯一能讓特納乖乖交出作品的人。」他在寫給麥克斯·法蘭德的信中說道；而法蘭德——特納最親密的朋友之一——看到特納在杭廷頓圖書館提供的華麗環境下苦悶地寫著最後一部未完成的作品，他遺憾地下了結論：就算特納永遠不死，也不可能完成這本書。

　　數年來，特納建立了種類驚人的思考與運作方式——學界的遵循者對此均相當熟悉——這些研究手段橫亙在他與已完成的任務之間。例如，他的研究手段帶有一種完美主義，使他不斷尋找更耐人尋味的事實或更具決定性的證據，驅使他重新擬定已經重寫好幾次的草稿。他有幾個打算在未來兩個月、十二個月或十八個月進行的無可救藥樂觀計畫，這些計畫最終難以實現，同時也使他陷入無法動彈的絕望，並且再度造成寫作的停頓。他有著缺乏紀律的好奇心，對「一切事物」充滿貪得無饜而無法休止的興趣，卻沒有足以對應的決心來完成任何作品；從一個主題掠過另一個主題，其間產生的短暫研究樂趣使他越來越偏

離寫作紀律。（他說：「我從探索、迷失、重新返回以及
告訴我的同事這點中得到樂趣。」但是「告訴」在這裡指
的不是寫作。）過多的研究與準備，加上之後沒有能力區
別出重要與瑣碎——例如，為了寫一本長約兩萬五千字有
關喬治‧羅傑斯‧克拉克的小本童書，他蒐集的資料卡片
竟堆成了一座小山。而為所有尚未動筆的書籍蒐集的資料
竟有三十四箱大型檔案櫃之多，裡面塞滿了涵蓋美國史各
個層面的筆記；有精美的地圖，用來將美國政治界正在運
作的某些力量串連起來；有剪貼簿，他花了很多時間將它
們貼滿……；當然，還有向出版社解釋的長信，以及其他
提出新作品計畫的書信。事實上，還有一批完整的給 Henry
Holt and Company 出版社的信，裡面提到為最後一部尚未完
成的作品檢視各種可能的書名——憤怒的出版社終於與他斷
絕聯繫，暗示除非作品成為現實，否則這類問題可以日後
再談。**15**

　　特納的人生有助於說明我們對寫作的根本信念：到了某個點
上，你就是得停下來開始寫作！雖然基本的好奇心引領你理解研究，
但它絕對不可能被充分滿足，因此到了某個點，你必須將這個過程加
以終結。無論你的研究有多吸引人與多令人滿意，每個史家都必須鼓

15.Richard Hofstadter, *The Progressive Historians* (New York: Knopf, 1968), 115-117.

起勇氣做個總結，如果他想完成寫作過程的話。

　　然而，當你結束研究開始寫作最終的論文草稿時，必須確定你已充分評估過你使用的史料。當你為論文蒐集、分析、組織與寫作資訊，並且在其中往復來回時，如果你遵守與牢記史家考證方法的評估原則，那麼一切將變得更加容易。首先，你必須確定所有的史料「合理」與「可信」，以及它們是否「精確」與能被「證實」。如果你使用的是來自歷史期刊、圖書館書籍、檔案文獻、報紙、訪談，或甚至是從全球資訊網找到的資訊，那麼相同的這些原則也該適用。對於你使用的一些史料來說，適用這四種標準也許比適用其他標準更為容易，但你必須確定你用來寫作論文的所有史料都能通過這些標準。

　　如果你一開始為你的論文蒐集資訊就能清楚確立你想解決的問題，那麼你應該能順利運用評估策略。如果你預先做了一些背景工作，你將具備較佳的資訊基礎來評估你在全球資訊網上找到的資料，並且證明何者特別令人失望。一旦你在網路上發現任何可能的史料，你必須探索該網站所屬的主要網站。絕大多數高素質與可靠的網站都有簡明的導覽工具，不只位於主網頁，連附屬網頁也有。試著使用這些導覽工具，了解是否還有其他網頁可供使用。其他網頁是否與你找到的特定資訊前後一貫？或者，內在連結只會將你引導到較不具相關性的資料？若是如此，原因為何？

　　如果你從首頁開始，例如國會圖書館的首頁，你可以對你在那裡看到的各種主要連結稍做嘗試。探索你找到的各種資訊類型並加以運用，如果你無法在網頁上找到首頁連結，你可以使用網頁瀏覽器上的返回前頁連結重新開始探索。如果你一開始瀏覽的似乎是附屬網頁，

那麼一定要找出首頁。如果找不到首頁連結，那麼試著在你的網頁瀏覽器的網址列回溯地尋找你逛過的網站。只要使用瀏覽器網址列左邊開始的字母與其他符號，直到第一個單一斜線（／）為止，這便是一個獨立的網址。這種做法不一定總能成功，不過它經常可以引導你連到首頁或主網站，你發現的資料就存放在那裡。

一旦連上首頁，你必須再次提出問題。是誰架設與／或維持這個網站？什麼組織（如果有的話）贊助這個網站？這些組織是否對網站內容具有特定利益？或者，沒有贊助者？這個網站是否由單一熱心人士架設？當然，個人可能基於學術或非黨派目的而架設這類網頁內容。你也許需要運用史家的推論技巧來回答這些問題，至少是其中一部分問題。但是，如果你無法找到任何與網頁贊助者或架設者有關的資訊，那麼你應該停止搜尋。記住，史家對於評估史料時所抱持的懷疑論賦予了高度價值！

根據這樣的精神，我們也要謹慎提防對你在網路上找到的歷史文獻（包括照片）不加批判地加以接受。遺憾的是，我們已經知道有些網站的架設者甚至會更改知名的歷史文獻（或許最常見的做法是故意省略文本的某些部分），而且運用修改的版本支持特定宗旨。而數位科技修改照片要比史達林時代更加容易，每經歷一次整肅，某些蘇聯政府官員就會從國家領導班子的官方照片中消失。這種例子也意味著你應該留意網站的架設日期。即使是史家，也想知道自己使用的資訊是否反映最新的研究。結果，許多具有歷史資訊的網站都清楚註明（就在自己的網頁上）最新的修改或更新日期。

對網站所做的這些探索並不會讓人只感到沉悶。你也許會找到

一顆資訊的寶石，它遠遠地藏在出乎意料之處。我們不只一次經歷過這種無意間發現寶物的樂趣！無論如何，以這種取向來探索網站，你可以更方便地運用史家的考證方法。首先問自己：我找到的史料「合理」嗎？你得到的資訊與解釋越不可思議，它們就越不可能是真實的。通過這道檢驗之後，思考這個網站是否「可信」。這個網站有哪一點使你產生信任感？

接著，你會想知道你在網站上找到的資訊是否「精確」。雖然有些歷史資訊幾乎不受時間影響，但你還是可以試著用你的發現——例如，這個網站何時架設，以及它最近一次更新是什麼時候——來思考精確性。如果你無法順利找出資訊的最新更改時間，不要絕望或立即放棄這項資訊。你可以尋找其他的精確指標，仔細地閱讀，注意其中是否有大量的範疇斷言。「完全」、「絕對」或「總是」的宣稱——與此相反的是「幾乎」、「鮮少」或「通常」——也是一項指標，顯示作者可能沒有徹底探討該主題的各項分支。此外，還要注意寫作是否做到公平與均衡。作者（或作者群）是否考慮了其他意見？

最後，就像你對任何史料所採取的方式，你應該從其他史料尋求「證實」，不只是網上的資料，還要包括參考書與其他（通常是印刷品）史料。對於無法藉由其他史料加以確認的資訊，雖然沒有必要拒絕，但你在寫作時勢必要更小心地處理。「鍋爐人」——十九世紀的機器人——的故事（附有極富說服力的照片）是個適當的例子。漫畫藝術家保羅・吉南以鍋爐人來說明當代平面藝術與說故事具有的可能性，而鍋爐人「幾乎」說服了所有人。當然，這個資訊來源在高中乃至於大學歷史論文都被當成是一件史料。不僅是改編的照片，連虛

構的參考書目——混合在眞實文章與合法網站連結之中——也加入騙
局。這一切全是吉南玩的把戲，當這場騙局逐漸成爲公眾知識時，吉
南把一段揭穿他的歷史「笑話」的描述，置於他的網頁的「鍋爐人新
聞與札記」一欄的文章中。[16]這起事件再次指出，你必須仔細證實的
不只是電子資料，而是「所有」你在研究中挖掘出來的史料。與鍋爐
人一樣的書籍，絕大多數圖書館中一定不只收藏了一本——甚至我們
造訪的歷史網站中也販賣這類書籍——這些作品的特點與其說是傳遞
知識，不如說是造假！[17]

　　當你運用所有這些方法來評估你的研究時，記住，你實際上做的
就是史家必備的核心評估技巧。無論你的史料是一手或二手，口述或
文字，來自網路還是光碟，或者是印刷媒介——史家考證方法的本質
仍然相同。有意識地將這些方法運用在你所有的研究上，不僅能讓你
對自己選擇做爲主題的問題的分析更敏銳，而且也能讓你已完成的歷
史論文寫作獲得改善。

寫作者的研究檢查清單
　　____√　我的主題是否清楚聚焦？

16.Paul Guinan, "Boilerplate: The Mechanical Marvel of the Nineteenth Century," http://www.
bigredhair.com/boilerplate, updated August 2003 (accessed 15 April 2006);這場騙局討論於"The
Art of the Hoax," *U. S. News & World Report, special issue*, 26 August-2 September 2002.
17.例如，在幾年前，筆者之一曾在那個網站購買了 James E. Mullan, *The Arab Builders of
Zimbabwe* (Salisbury, Rhodesia: by the author, 1969)。書本外面包了書套，一名包著頭巾的「阿
拉伯人」疊在一張廢墟的照片上，這本書宣稱——顯然不正確——這塊世界遺產的遺址並非非
洲原住民所創造。

_____ √ 我是否已廣泛尋找可供使用而且與主題相關的參考資料？

_____ √ 我使用的搜尋條件是否經過仔細選擇並加以改善？

_____ √ 我是否運用了所有可供使用的索引工具？

_____ √ 我是否藉由二手史料裡面的引用出處來尋找其他可供使用的
資料？

_____ √ 我找到了哪些與主題相關的一手史料？

_____ √ 我的工作書目是否反映了一切可供使用的史料？

_____ √ 我是否已對手中所有史料提出疑問並且加以評估？

第四章　筆記與草稿

　　雖然每一位受肯定的史家都知道，在完成一篇歷史論文之前必須努力蒐集資訊，但絕大多數史家也都知道，盡早開始寫作有多重要。事實上，這是一種練習的形式。鋼琴家在演奏前會做手指運動，棒球選手在比賽前會做打擊練習，這些活動協助他們暖身以準備正式上場。類似的練習可以協助你準備寫作，抱持這種寫作觀點也能幫助你避免成爲某些普遍與經常反覆出現的寫作迷思之受害者。

　　其中一種迷思是，寫作者需要靈感，眞正的寫作者是在從容不迫下寫出文章、書籍與報告。另一種迷思是，如果你需要寫下好幾篇草稿，那麼你不會是一名優秀的寫作者。再一種迷思是，如果你已經花了一番工夫寫下你想說的東西，那麼即使你還寫了第二篇乃至於第三篇草稿，你的文章也不會有太多的改善。我們可以充分證明這些說法沒有一項屬於寫作的眞實狀況。雖然每個寫作者對於寫作過程各有不同的取徑，但對寫作者而言，寫作並不是件便捷而容易的事。所有的寫作（即使成果非常傑出）都是艱難的工作。

　　舉例來說，幾乎沒有寫作者會設法做到毋需修改的寫作。所有學科的優秀寫作者莫不同意寫作的困難，爲了寫出一篇論文或一本書，他們往往要寫下好幾篇草稿。「我每回至少打三次草稿，」美國著名史家霍夫斯塔特坦承，「我經常修改原先的想法。」[1]事實上，對寫作者而言，比較簡單的寫作是閱讀，比較困難的則是寫作本身。你最後的定稿必須表現出對自身思想的清楚理解，但要達到這樣的理解，

---

1. Quoted in David S. Brown, *Richard Hofstadter: An Intellectual Biography* (Chicago: University of Chicago Press, 2007), 120.

可能要打好幾次草稿才行。寫作、記筆記、重新閱讀與修改可以釐清你的想法並且鞏固你對自身觀念的掌握。一旦經歷這段過程，你擁有的論文不會被抱持堅定意見的首位閱讀者所輕易否定。

無經驗的寫作者經常假設傑出的寫作者會做好所有的研究才進行寫作。相反地，絕大多數有經驗的寫作者發現，無論他們一開始對主題了解有多麼深入，寫作的行動會迫使他們面對新的難題與疑惑，給予他們新的線索，催促他們尋找更多資訊以追求新的線索，最後帶領他們來到與一開始全然不同的結論。對於有經驗的寫作者來說，寫作是一段前後反覆跳躍的過程，更重要的是，它牽涉到盡早開始寫作並且持續進行到論文完成為止。

記錄資訊與觀念

如果你在這段過程中能早點開始寫作，那麼改寫的重大價值對你而言將會更清楚。當你在課堂或討論中做筆記時，要仔細聆聽重要概念，從重複的話語、羅列的清單與寫作呈現的事項中獲取提示。以引號來表示簡短陳述的關鍵觀念，你「不」應該記下每一個字。將焦點放在最重要的事物上。下課後，試著將自己聽到的內容摘要下來，加強自己對最重要概念的了解。寫下你對資訊所產生的任何疑問；許多指導老師很樂意——在往後的課程或個別諮詢時間——解答你的問題，他們會嘗試協助你更清楚地了解他們希望你知道的內容。要寫下這些問題的解答！還要試著寫下重點的簡短摘要；光是這樣的過程就

可以引領你回去更新你筆記中的某些部分。這段過程同樣能引領你有系統地陳述剛剛聽到的更深入觀念。這段主動製作筆記的過程，將對你準備考試產生極大的幫助，特別是當你開始準備申論題的時候。而這樣的寫作習慣也能建立起個人的主題寶庫，以備未來寫作歷史論文之需。

　　不過，從閱讀與研究中做筆記會是比較容易的工作。當你閱讀時，可以回溯重讀一次，專注在你起初沒看懂的部分。對於你想記住的直接陳述，要格外的留意加上引號，然而即使如此，這些引號的數量也該越少越好。總要試著用自己的話做摘要。舉例來說，思考這段引自席德尼・敏茲廣受讚譽的作品《甜與權力：糖在近代史上的地位》的文字：

　　　　當糖首次在西元一一〇〇年左右引進歐洲時，人們將它歸類為香料──如胡椒、肉豆蔻、肉豆蔻碎殼、薑、小豆蔻、芫荽、高良薑（薑的一種）、番紅花等等。這些香料絕大多數是珍稀而昂貴的熱帶（與充滿異國情調的）進口物品，由那些有能力購買的人珍惜地使用著。在現代世界，甜不是一種「香料口味」，而是對比於其他的味道（「苦甜參半」的苦味，「糖醋」的酸味，「辣香腸」與「甜香腸」的辣味），所以今日很難將糖視為一種調味料或香料。然而早在大部分北歐人知道糖之前，它已在東地中海地區、埃及與北非被大量用做藥品與香料。糖的醫療效果已由當時的醫師（包括伊斯蘭化的猶太人、波斯人與

景教徒，糖普遍運用於從印度到西班牙的伊斯蘭世界）確
認，而且逐漸經由阿拉伯藥理學傳入歐洲醫療實務中。

　　糖做為一種香料，至少從十字軍東征之後就受到西歐
富有與權力階層的珍視。「香料」在這裡是指「芳香的植
物製品」（引用韋氏字典的定義）、「在烹飪時用來給食
物調味與增添醬汁、醃菜等等的風味」。我們已經習慣不
把糖當成香料，而是分成「糖『與』香料」。這種心靈習
慣見證了糖在使用與意義上的重大變化，無論是糖與香料
的關係，還是甜味從一一○○年以來在西方食物體系裡的
地位。**2**

以下是讀了上述文字後做的筆記：

　　——糖在西元一一○○年左右引進歐洲，被當成香料
——珍稀而昂貴的熱帶進口物品，買得起的人珍惜地使用
著。

　　——今日，甜不是一種「香料口味」，而是對比於其
他味道——「苦甜參半」、「糖醋」或「辣香腸」與「甜香
腸」；在歐洲人知道糖之前，它已在東地中海、埃及與北
非被當成藥品與香料。

---

2. Sidney W. Mintz, *Sweetness and Power: The Place of Sugar in Modern History* (New York: Viking, 1985): 79-80.

　　——醫師——從印度到西班牙的伊斯蘭世界裡的伊斯蘭化猶太人、波斯人與景教徒——把糖當成藥品，逐漸經由阿拉伯藥學的傳布成為歐洲的醫療實務。

　　——糖做為一種香料，從十字軍東征以來就受到西歐富有與權力階層的珍視。

　　——韋氏字典：「香料」，「芳香植物製品，在烹飪時用來給食物調味與增添醬汁、醃菜等等的風味」。

　　——我們沒有把糖當成香料，而是分成「糖『與』香料」。

　　——顯示出糖在使用與意義上的重大變化，無論是糖與香料的關係，還是甜味從一一○○年以來在西方食物體系裡的地位。

　　然而，這些筆記的價值有限。它們的長度占了引述原文的六成，而且幾乎連續地表列原文已有的字句；做筆記的人似乎沒有仔細思索自己閱讀的內容。此外，這些筆記經常重複原文字句，有時是以相同或類似的次序拼湊起來，直接引用原文卻未使用引號。在準備論文時使用這些筆記，容易使你受到抄襲的指控，這對任何寫作者來說都是一項不可饒恕的罪名。比較好的做法是，如果你在閱讀原文時能試著摘要其中的重點，同時在你的筆記裡以「引號」標明任何關鍵的、你日後可能用在論文上的引文。接著，思索這段閱讀與重讀敏茲教授作品相同段落後做的筆記：

Mintz, *Sweetness*, pp. 79-80

　　長久以來，糖被伊斯蘭世界的穆斯林、猶太人與景教
醫師視為藥品；它在十字軍東征（一一〇〇年左右）後廣
為歐洲所知，歐洲人視其為香料，而且同樣視其為貴重物
品。對現代人而言，很難把糖當成香料或貴重物品：「我
們已經習慣不把糖當成香料，而是分成糖『與』香料。」
（頁八十）從甜味與其他味道的對比中，也可以看出人們
對甜味的看法已有不同：「苦甜參半」與「糖醋」。

注意第二段筆記如何嘗試同時捕捉事件的歷史順序「與」原文的主要
觀念。這段筆記以節縮的方式清楚指出所有資訊的來源，而且更明確
地標出引文。如果從一開始就以這種方式做筆記，將有利於你提早進
行寫作。此外，當你在歷史課上閱讀必讀文本時，這種筆記方式也能
派上用場，不管是用來準備申論題，還是更充分地準備課程與課堂討
論。

　　當你閱讀與你的論文主題相關的背景資料（與之後的特定史
料）時，當然應該記下資訊出處，包括網路資料的網址與書籍或文章
的頁碼。出處的詳細資料會在有需要時協助你找到資訊。寫下你閱讀
時發現的問題，就像你在課堂上做筆記一樣。（我們經常在書頁空白
處潦草地寫下筆記與問題，但是絕對、「絕對不許」在圖書館的書或
任何你借來的書上寫字！）保留筆記的方式很多，多年來，我們建議
學生在 3×5 卡片做筆記，或者為不同課程準備不同的筆記本。這兩
種做法都容易以公事包或書包攜帶，而且我們發現它們要比便箋或活

頁紙更方便也更容易整理。近年來，我們越來越仰賴電腦來做筆記與
從事寫作。我們也鼓勵你這麼做。

　　幾乎所有的文書處理程式都可用來做筆記，當你草擬論文時，這
些程式也非常有助於組織筆記。一定要仔細——你在做「任何」筆記
時都應該如此——選擇關鍵字，並且在筆記檔裡使用這些關鍵字。你
可以使用文書處理程式的搜尋功能找出關鍵字，如此便能找出你為特
定主題蒐集的所有參考資料。這類程式也允許你將筆記移到論文電子
檔裡，只要在筆記檔裡將文本反白與複製，然後打開論文檔，將資訊
貼在上面即可。當你將筆記寫入電腦檔案時，一定要清楚標明（或許
可以使用方括號）出處資訊，尤其是網路連結與書籍頁碼。你在哪些
網站上找到特定資料，就必須清楚寫出這些網站精確而完整的網址，
也要明確指出你使用哪些搜尋辭彙來找出特定資訊。

　　雖然每一種文書處理程式幾乎都可完成這類任務，但你也許會想
嘗試其他特定的筆記程式。Scribe 是我們認為特別有用的一種筆記程
式，它是艾蓮娜・拉茲洛戈娃為喬治梅森大學歷史與新媒體中心設計
的程式。你可以從全球資訊網網址 http://chnm.gmu.edu./tools/scribe 免
費下載 Scribe 的壓縮檔格式。在開始工作之前，你需要使用檔案解壓
縮程式啟動 Scribe 及其附件；有連結可以連往網站上的推薦程式。你
可以使用 Scribe 開啟虛擬的筆記卡片，上面可以讓你記錄詳細的出處
資訊、大篇幅的筆記與獨立的個人評論，另外還能使用大量的關鍵
字。你可以匯出註釋與書目，調整它們的格式以符合史家經常使用的
《芝加哥格式手冊》規定。你只需要花少許時間研究指令就能熟悉
Scribe 的**功能**與操作方式，不過如果你打算使用 Scribe 進行數項計

畫，我們認為你應該投入時間與精神，結果絕不會讓你失望。網站上也有 Scribe 討論區，你可以在上面提出與程式相關的問題。你也許會考慮使用新的研究程式 Zotero，你可以從歷史與新媒體中心取得這套程式，不過這套程式被專門設計成搭配 Firefox 網頁瀏覽器使用。

當你做筆記時，無論使用的是專門的筆記或資料庫程式，還是一般的文書處理程式，記得在工作時，尤其當你結束每個研究或寫作階段時，一定要儲存你的筆記，無論它的分量有多小。有些程式會自動備份檔案，但我們鼓勵你要自己另存備份。利用電子媒介提供的簡單工具來儲存你的工作。在電腦硬碟裡保留幾件複本，並且以其他格式儲存額外的複本。因為在我們寫作的過程中，幾乎每年都會聽到學生與同事的沮喪遭遇，他們因為某種災難或其他原因失去所有研究成果。我們不希望自己也加入他們的行列！舉例來說，在準備本書的每個版本時，我們將每一章的複本儲存在不同的檔案裡，每一章有四個或四個以上的複本——保存在我們的電腦硬碟、軟碟、壓縮的 zip 磁碟片、以我們電腦製作的光碟、隨身碟（又稱記憶棒或閃存盤）以及印刷紙本——分別保存在不同的地方。你也應該這麼做，無論是一開始為了探討可能主題而做的筆記，還是持續進行的更密集研究。

無論選擇何種格式，重點在於從調查之初就應著手製作筆記；自問自答（這是寫作的起始步驟，趁著印象還清楚的時候，馬上記下一些可能但合理的答案）；寫下重要的用語；記錄你的史料不一致的地方；留意某個史家注意而其他史家忽視的地方；記下你自己對史家與資料抱持的看法。即使在研究的初期階段，重要觀念也會突然出現在你腦海裡；寫下這些觀念，然後以更深入的研究檢驗它們。你也許會

發現，進一步的研究將確認你的一些第一印象如寶石般珍貴！但一定要將你的觀念與你從史料中找到的觀念區分開來。

你應該從一開始就保留一份工作書目，而在研究過程中也應維持這份書目。特別留意這份書目應該包括你查閱的每份參考資料（獨立地記錄在每個條目上）的核心資訊要素。每項條目應包括以下資訊：「作者」（以及編輯與／或譯者的姓名）；「標題」（或複數標題，例如書籍或期刊中的文章）；你的資訊「出處」（包括書籍的出版社與出版地或者網路資訊的網址，可以的話應寫下書籍的冊數與頁碼）；出版與／或獲取網路資料的「日期」。一開始沒有必要遵循註釋或書目的格式慣例，但一定要確認自己記錄了所有核心細節。例如，你也許查閱了：

Adams, Ephraim Douglass. *The Power of Ideals in American History*. AMS Press, New York, 1969.

當你依照書目或其他參考資料的慣例格式寫作時，這段資訊就需要重新組織，然而無論如何，筆記的首要原則是清楚：「一定要記錄自己從何處獲取資訊。」

如果你確定自己在第一次引用資料時已將所有書目細節記下，那麼之後你便可以在註釋裡只提作者、簡略的標題與引用的（冊數）頁碼。如果你使用 Adams 的 *The Power of Ideals in American History* 做為研究昭昭天命起源的資料（如〈附錄一〉裡桑能伯格的論文所呈現的），你也許可以這樣表示，"Adams, *Ideals*, 67"（*Ideals* 是資料標

題的核心，而 67 是頁碼）。由於你寫作時必須準確引用資料，因此
你做筆記時也同樣要做到精確。如果你研究時能仔細留下資料紀錄，
可以避免許多遺憾！

　　好筆記的第二項原則是避免抄錄太多直接引文。抄錄引文需要時
間，而且抄錄時也容易發生錯誤。如果你能稍微做點思考，利用摘要
或改述的方式，而不是只直接抄錄，則不僅能節省時間，有時還能讓
你寫出最佳的論文。如果你必須在論文完成前還書，也許可以影印書
籍中與你論文相關的某幾頁。但要提醒的是，不要只是將這些複本連
同你其他的研究一起夾在文件夾裡，而應該趁著你對資料目的仍有鮮
明印象時保留與製作筆記。從一開始就用自己的話寫下觀念尤其具有
價值，因爲它能開啓你心靈的可能，讓你開始寫作論文時能產生各種
呈現資訊的方式。而嘗試改述的價值更在於它能讓你不會只做一些小
改變（包括只改動一、兩個字或使用相同的結構來呈現觀念），而淪
爲完全抄錄原文。

　　當你閱讀 Adams 的 *The Power of Ideals in American History* 時，
你對他的觀點所做的摘要筆記可能像這個樣子：

　　Adams, *Ideals*, 67　　　　　　　　　　　　　　　　　　起源
　　　　提供了了解昭昭天命真實起源的背景知識，而不僅是
　　美國歷史。

注意這裡包括了一個獨立的主題標題「起源」；如果你使用筆記卡片
或在獨立的筆記本空白處註記，這種做法會特別有用。當你在電腦的

筆記上輸入關鍵字尋找主題的某個特定面向資料時，這種標題就能派上用場。當你開始寫作完整的論文時，可以回到原文（或影印本）尋找額外的細節，如果有必要，也可以一字不漏地加以引用。

牢記筆記的第三項原則可以避免額外花費氣力，你在抄錄直接引文時要特別仔細。做筆記時「總是」要將直接引文括入引號中，而在寫下引文之後要再次確認引文正確與否。你第一次看到資料，而後注視你的筆記本、筆記卡片或電腦螢幕，眼睛與手均不免有誤。在引文旁做記號或打上星號（＊），提醒你自己在寫下引文後已經確認它的正確性。

這裡有一篇直接引文的樣本筆記，這是一篇關於昭昭天命的論文，討論這個觀念的歷史起源：

> Barker, *Traditions*, 312　　　　　　　自然法則／天命
> ＊這個巨大而略帶概括的表達方式「成為人類文明的一
> 項傳統，它從柱廊的斯多葛導師一直延續到一七七六年的
> 美國革命與一七八九年的法國大革命」。

這段引文似乎比較適合用來解釋自然法則──雖然這些文字本身可能反映了半個世紀前的歷史寫作──而不像是用來表現昭昭天命的直接引文。應該把這類問題列入考慮，在筆記中應盡可能減少使用直接引文。

如果能做到筆記的第四項原則，也就是在閱讀與做筆記時一邊做出個人的評論，則能有事半功倍的效果。要做出評論，必須反思閱讀

的內容，你將因此成為主動而非被動的讀者。「但一定要對自身的想法以及資料的直接引文或摘要的筆記做出區別。」我們通常會在自己的想法前面標上箭號，無論我們使用的是卡片、筆記本還是電腦。這些箭號使我們知道這些想法是我們的。如果你不仔細將你的想法與資料的想法區別開來，可能會被指控抄襲，這是一項非常嚴重的罪名，幾乎沒有作者可以輕易洗刷這樣的錯誤。

以下例子顯示你可以如何把你對昭昭天命起源的看法筆記下來：

選民

→昭昭天命的信仰絕大多數狀況下看似是美國的獨特特質，但進一步研究其他國家及其「選民」概念後可以發現，昭昭天命的概念不僅早於美國歷史，從某些事例來看甚至還早於美國建國之前。

筆記的目的在於讓你的心靈在閱讀時能保持主動。同樣地，注意主題標題的標示，它可以讓你回頭找出自身的想法，以及尋找相同主題下你曾筆記的資訊。筆記也有助於形塑你寫作論文時所需的觀念。

寫作者的筆記檢查清單

____ √ 我在上課與閱讀指定文本時是否做筆記？

____ √ 我是否記錄了每個資料來源的完整書目資訊？

____ √ 我是否限制筆記中的直接引文數量？

____ √ 我是否用自己的話來摘要或改述我找到的資訊？

_____ ✓　我是否特別仔細記錄直接引文？

_____ ✓　我是否在筆記中將所有適當的關鍵字仔細記錄下來？

_____ ✓　我是否從證據中（即使是在偶然間）找出模式？

_____ ✓　我的觀念是否構成我對主題所做的筆記的一部分？

組織你的論文

　　做筆記時把焦點放在資訊與觀念（包括你「自己的」觀念）上，有助於讓你下定決心組織你的論文。在花了時間改善主題、蒐集書目、進行初步閱讀與做筆記之後，你應該會對自己的知識程度較有信心。你會將百科全書與其他參考書籍略嫌平淡而有限的描述擺在一旁，開始閱讀一些專門作品與文章，同時也著手研究與主題相關的一手史料。你在閱讀資料的過程中應提出問題，並且將這些問題記錄在你的筆記上。你會在研究中發現一些模式與反覆出現的觀念，此時也應該記下你自己的想法。透過這種方式，你的筆記流程應能協助你找到研究主題所需的有趣取徑。

　　有時對於主題的一貫回應會產生一種模式。舉例來說，昭昭天命的觀念在美國以外的地區也相當盛行而普遍。哪些國家也會廣泛運用這種觀念？人們可以邏輯地回溯昭昭天命觀念到多早的年代？幸運的話，你可以立即想到範圍有限、可以用十到十五頁來陳述的主題。然而，你不一定能充分限制你的主題。列一份與昭昭天命有關的有趣主題或問題的清單。持續增補這份清單，直到你找出能夠處理的主題為

止。以下筆記顯示在尋找有趣主題的同時，還必須考慮是否有充足的時間與空間來處理主題。

〈昭昭天命及其在世界史的重要性〉
——太模糊。太多副標題，焦點不夠明顯。

〈昭昭天命及其對歐洲史的影響〉
——焦點稍微集中一點，但仍涵蓋太廣。
——歐洲史包含的範圍太廣，無法放進這麼小篇幅的論文之中。

〈昭昭天命：美國的擴張主義大夢〉
——太狹窄，無法辨識主題的動機，忽略探討起源這個真正的問題。

最後一個主題很可能讓論文的重心從昭昭天命偏移到美國擴張主義的意識形態。然後你需要提出以下這類問題：我希望這篇論文談論美國各個時期的擴張嗎？這個主題是否完全忽視昭昭天命在世界各地的影響力？我最初的研究是否傾向於做出全球性的概觀？我實際上想藉由這篇論文來證明什麼？其他對昭昭天命的歷史解釋又是什麼？當你提出這些問題時，可以回顧你的研究筆記，看能不能找出一定的模式。慢慢地，觀念開始浮現，你再將這些觀念增添到可能的主題清單上。

〈昭昭天命：所有國家的必要條件〉

——需要廣泛的證據，但仍不失爲焦點集中的主題。

——報紙文章有大量的一手史料資訊，此外，網際網路
資源提供了已翻譯的資料。

　　現在，你有一個起點，一個臨時題目。不過要記住，在這個階段
你可以做任何更動，而你的更動應該是全面性的。當你採用這個臨時
題目時，它可以讓你的工作有方向可循。這種方向感可以協助你工作
得更快、更有效率，因爲它能協助組織你的思想，讓你評估你蒐集來
的資訊，以便適當地使用這些資訊。就算你研究做得再好，也不可能
使用筆記裡所有蒐集到的資訊。好的寫作來自於豐富的知識。臨時題
目可以充當你的心靈過濾器，它可以留住與組織論文需要的事物，並
且捨棄無助於你的論點的資訊。

　　一旦擬定了臨時題目，接下來應重新聚焦你閱讀的範圍。如果計
畫寫一篇有關昭昭天命起源的文章，你應該只閱讀史家對這項概念的
解釋，以及做爲這項概念基礎的哲學作品。你也許會對昭昭天命深感
興趣，因此決定繼續尋找更多有關美國史中使用這種觀念來合理化對
墨西哥土地的攫取（目的是爲了奪取更南方的土地）的資訊。很好！
但你現在正在寫這篇論文，你應該把閱讀範圍局限在能幫助你完成目
的的資訊上。維持紀律可以協助你避免著名史家特納所遭遇的問題！
我們也鼓勵你至少先寫一篇簡短的大綱，來協助組織你的觀念與證
據。

　　有些寫作者坐下而且開始敲鍵盤，腦子裡卻對該採取什麼步驟來

發展論點毫無頭緒。另一些寫作者則煩心於正式大綱的細節——羅馬
數字、字母的大小，以及大綱分點或次分點的位置—— 一如早期在
學校所教授的。這兩種取徑，無論哪一種都會讓你無法專心於核心任
務，而且構成難以超越的阻礙，使你無法從事寫作。你應該避免這兩
種取徑，專心組織你的想法。大多數人認為，開始擬草稿之前應該先
讓自己的觀念成形會比較有效率，我們亦從自己的寫作經驗得知這種
說法有其真實性。我們鼓勵你這麼做，無論你寫的是短篇論文還是申
論題解答。你至少可以列出你想討論的重點清單——這份清單可以比
詳細的大綱更有彈性。

　　長期以來，對結構的要求被視為歷史散文的基石。半個多世紀之
前，美國文化史家狄克森・韋克特讚揚仔細組織的美德，他評論史家
的「結構天分——不是僅僅將全部的細節捏成一團，然後將其如溼透
的雪球般擲向讀者——產生的作品可以讓人在閱讀時感到愉悅」。但
是韋克特對組織良好的論文讚美也帶有警告性質：「結構應該簡潔有
力，但也不該僅剩骨架。」[3]你的心中應抱持這樣的目標，這是你對
讀者負有的義務。為你的論文組織關鍵觀念，使其連結明顯可見，但
又不可只是一連串主題的表列。

　　當你列舉要點時，應任由直覺提出其他的（或許更好）組織形
式。一旦你開始著手進行，絕不要害怕更動大綱。然而，無論你認為

---

3. Dixon Wecter, "How to Write History," in *A Sense of History: The Best Writing from the Pages of American Heritage* (New York: ibooks, 2003), 43；這篇論文原初的標題是「History and How to Write it,」出現在一九五七年八月號的 American Heritage 雜誌。

自己有多麼了解擺在眼前的大綱計畫，你都得寫下完整的草稿！寫作會改變你的想法。準備好跟隨你的心智在證據中進行探險。記住，你正帶領你的讀者旅行，而非生硬地背誦鬆散的事實與資訊，勉強將其拼湊成一篇供人閱讀的論文。為了寫出討論昭昭天命起源的長篇論文，你可能要粗略地擬定一份如下的大綱：

論點：約翰・歐蘇利文的社論使人相信，昭昭天命是美國人用來合理化擴張主義運動（這項運動在熱烈討論兼併德克薩斯期間，橫掃了美國）的概念，但其他國家早在美國之前就已擁抱這項觀念以支持自身的擴張主義運動。

1.歐蘇利文的社論支持美國公民是選民的觀念。

2.自然法則／權利的視角與解釋，以及自然法則／權利與昭昭天命如何產生關聯性。

3.以類似的觀念來鞏固民族主義，早期史家如何看待這種做法的意義。

4.盎格魯撒克遜人認為昭昭天命是民族存續的本質。

5.全球性的類比。

6.（直到一八四○年為止）美國的早期國家先例。

7.「昭昭天命」一詞流行於一八四○年代。

8.往海權與太平洋盆地延伸。

像這樣一份簡單的大綱，避免了大量用來表示標題與副標題的數字與字母。如果有需要，你可以增添副標題，但你應該不需要這樣的

東西。決定想法的次序是最重要的，而且應該就已足夠。在擬了這樣
一份大綱之後，你可以更有自信地寫下第一篇草稿。這一次你決定要
形塑一篇分析性的論文，從更全球性的視角來觀察昭昭天命。你要解
釋這個概念的起源、形塑一篇與這個概念的陳述與用途有關的敘事、
引介其他與昭昭天命相關的概念解釋，並且說明嘗試超越這項主題的
限制之重要性。藉由這個過程，你將解釋誰論述了這些概念，然後你
可以實際開始寫作你的完整論文的草稿。桑能伯格就是運用這樣的程
序在實際寫作草稿之前創作她的論文、製作筆記與組織觀念。閱讀她
在〈附錄一〉的最終論文；試著觀察她是如何像我們所描述的來從事
她的寫作。

寫作與修改草稿

　　給自己留下充裕的時間為論文擬定幾篇草稿。如果你在期限前一
天才開始寫論文，熬夜趕出第一篇草稿，然後在沒有時間修改的狀況
下交件，等於不公平地對待自己與指導老師。你也許可以順利過關，
但你不會對自己的作品感到自豪，而指導老師也許會覺得你的作品很
乏味。一名忙得不可開交的指導老師，連續幾個小時不眠不休閱讀與
批改課堂上每個學生交上來的報告（是的，我們的確是如此！），值
得你付出最大的努力。

　　我們不是說你應該避免在交件之前整晚熬夜寫報告。許多寫作者
發現，他們在完稿前連續數小時處理最後定稿時，會有腎上腺素分泌

的現象，他們可能整晚不睡，因為他們興奮得無法放下自己的工作。我們從自己的寫作經驗可以了解這點。整晚與黃色便利貼或鍵盤為伍之後，在窗外第一道曙光下聽見鳥鳴聲，這是我們共有的經驗，而我們也喜歡這樣的經驗。這樣的夜晚通常在我們努力工作了很長一段時間（或許數年），覺得想掌控自己所做的事，並且一鼓作氣將事情做完時出現。

　　但是沒有寫作者會等到最後一分鐘才開始動筆而又能一貫地產生好的作品。要嚴守紀律。如果你難以動筆，那麼就採取化整為零的方式，實際上只花很短的時間寫作，甚至是十到十五分鐘。然後停筆，翻翻筆記，休息一下。盡可能馬上回到工作崗位；重新讀一遍你寫的東西。通常閱讀自己的作品可以刺激出進一步的想法——以及寫作！雖然起初寫作的速度並不快，但不要感到沮喪。經過一晚的睡眠之後，再次動筆。要完成第一篇草稿，最重要的就是實際動筆去寫！在紙上或電腦上寫下開頭、中段與結尾。一開始多寫一些不必要的內容也沒有關係。如果你的指定作業是十五頁，那麼第一篇草稿可以寫二十頁。把資訊填充進去。使用一些經過挑選的引文。思考你正在描述的事物。針對自己的報告提出熟悉的問題——何人？何事？何時？何地？何以如此？以及如何？——並且試著回答。

　　當你從筆記與大綱進展到草擬論文的階段時，要特別留意文書處理程式的使用。尤其反白與複製貼上功能，可以輕鬆捕捉與移動某個檔案（或甚至網頁）的電子文本到另一個檔案上，這容易使人在筆記中添加大量的資料原文，甚至會將大段的資料原文放到自己的論文裡。如果你做筆記時使用了這項技巧，必須確定自己已經加上引號，

而且仔細標明這些筆記內容是引文。忽略了這點，你可能會不小心將自己直接複製的資料內容放到自己的論文裡，而這種疏忽將使你犯下抄襲的錯誤。記住：避免這種錯誤是「你的」責任。

當你完成初稿時，會有一連串的發現。你會覺得鬆一口氣。然而，尚未寫下的部分要比你已經寫下的部分（即使是粗略的草稿）還要龐大。你現在約略知道自己可以在可用的空間裡寫些什麼。你知道自己想提出什麼重要問題。你知道自己的文章有哪些弱點，需要做什麼樣的補強。你可以看到自己的結論有哪些部分是確然無疑的，哪些是薄弱的。你思考自己是否能找出一個觀念，將所有資料貫串起來以形成一個命題，一個支配性的論點，以解決或定義你在資料中發現的謎團。現在你可以進行修改，刪去初稿中填充的累贅文句。寫作者總是不斷修改，甚至會在初稿中做滿記號。十九世紀許多著名作家的手稿顯示這種增補修訂的過程，他們刪去文句，添加其他文句，在空白處寫上新的文本，直到整篇手稿潦草到讓人無法閱讀的地步。然後他們必須拿出白紙重新開始！但是無論原稿修改得如何潦草，他們還是會保留原稿（從他們已經建檔的文件看出），如此他們才能反覆地回顧最初的寫作過程。

當然，電腦的文書處理程式使這個過程變得更加容易，不過也具有潛在的缺點。通常，原初的靈感會消失不見，它在螢幕上被刪除，而且被新的版本所取代。我們發現這是我們寫作時遭遇到的特定問題，所以我們必須儲存數個版本的電子草稿文件。有時我們在電腦上開啟新視窗，而且各自獨立處理令人困擾的文句，然後各自加以存檔，如此才能不斷回顧修改的過程。有了現代電子設備的龐大儲存空

間，我們可以儲存大量的檔案，但我們仍需仔細地給予每個檔案特定的檔名。我們很慶幸電腦能儲存每個檔案的日期與時間，使我們能在必要的時候重建我們的思想流程。我們相信電子寫作工具的潛力（甚至比網際網路資訊的快速取得更具影響力）或許是電子時代對史家寫作所做的最大貢獻。

有些寫作者比較喜歡將草稿列印出來，用筆或鉛筆修改，然後再將稿子鍵入電腦。有些行為研究顯示，人們使用電腦的時間越久，越傾向於不列印而在螢幕上直接修改。你應該使用最適合你的方法，或結合兩種方法。不過必須牢記的是，修改時最重要的是要以自我批判的眼光閱讀自己的作品。你可以藉由反覆閱讀自己的作品來培養修改的靈敏度。一定要思考或反覆思考自己在修改過程中採取的步驟。當你閱讀時，要問自己是否合乎寫作好的歷史論文的五項基本原則（我們曾在第一章討論過）：

1. 我的論文是否明確聚焦在有限的主題上？
2. 我的論文是否具備清楚陳述的論證？
3. 我的論文是否（有步驟地）建立在經仔細認可的證據上？
4. 我的論文是否反映不受情感左右的思考？
5. 我的論文在書寫時是否有明顯預設的讀者？

當然，還要再問自己一次，這篇論文是否代表我自己的原創作品！

當你閱讀草稿時，應該仔細思考上述問題。大聲朗讀自己的稿子會有所幫助。有時你能在朗讀的過程中挑出文章不順暢的地方，因為

這些字句總會讓你閱讀時結巴。大聲朗讀，同時加上聲調與語氣，可以幫你找出可能造成誤解或混淆的地方。你也許想充分運用電子寫作程式的各項功能來修改與增益你的寫作，然而除非學會有效的使用方式，否則這類程式（無論多麼先進或更新）還是幫不上忙！許多學院與大學採用特定的文書處理程式做為校園標準設備，而且經常為使用者提供技術協助。你應該利用這些資源。使用這些資源不代表自己無知，而是願意改善自身寫作的一種表現。新版本的文書處理程式通常附有非常有用的說明功能或工具程式，同樣應該利用這些資源，一方面學習使用這些程式，另一方面也溫習自己平常所使用的功能。

　　然而你毋需精通所有功能才開始寫作。但最低程度必須知道如何使用粗體或斜體字樣、設定空白間距、更改字型、插入特殊符號（如貨幣符號£、￥、€）、增加頁碼，當然，還有插入腳註（尾註）。我們很慶幸文書處理器可以讓我們任意更動引證的腳註與尾註格式。如果你一開始使用某種格式，之後發現指導老師比較喜歡另一種格式，你可以使用這項功能來進行轉換。然而，我們偶爾發現腳註（比尾註更常發生這種狀況）的自動格式功能在參考文獻的位置安排上不太理想。你也許需要以手動方式更動頁面的文本行數來調整注釋位置。如果沒人教你使用這些功能，你不需要尋求昂貴的（經常是過於昂貴！）參考手冊、DVD，或你正在使用的程式的其他教學光碟。可以先請教同學或你的指導老師，然後嘗試程式的說明功能或向學校的電腦中心尋求協助。你花的時間將值回票價，你的論文無論外觀還是內容都將如你所願。

　　我們很高興電腦與文書處理程式帶給我們許多好處，我們因此

能便利地修改論文；不僅是移動文本，就連修正錯誤也比記憶所及的打字機、手寫稿與修正液時代來得方便許多。通常比較新的程式會自動（或近乎自動）幫你修正挑錯。在使用這項功能時要謹慎。通常這種程式是設計來進行修正，好讓作者在這方面心力的投入（如果有的話）能降到最低。記住：「你」要對你論文的最終版本內容負責。所以，你必須確定所有的修正確實反映出「你」想說的內容。如果你能設定哪些內容可以自動修正，那麼做好設定；如果你無法設定，那麼最好關掉所有自動修正的功能。無論如何，在繳交論文給指導老師之前，一定要把最後定稿再讀過一遍。

我們使用的文書處理程式（你使用的可能也是如此）在拼字檢查方面對我們幫助很大，不過它只能檢查記憶體裡儲存的字彙。如果你能增加拼字檢查程式的字彙數量，就盡可能這麼做，如此，與你的主題相關的特殊詞彙就不會被判定是拼字錯誤。但要留意，當你輸入字彙時，要確定你想使用的拼法與你實際儲存的拼法相同。我們總是閱讀我們在螢幕上寫下的東西，並且研究程式辨識出來的每項錯誤。我們希望你也這麼做。我們最常更正的是電腦幫我們找出來的錯誤，但我們也知道電腦二進制邏輯不一定能辨識出每一項錯誤。舉例來說，當你提到你在特定的「景色」中發現可以用在自己論文上的珍貴資料時，電腦並不認為「sight」這個字拼錯，即使你的指導老師可能猜想，為什麼你會在窗外的景色中找資料，而非在網「站」上找資料。諸如此類的例子還有很多。

其他文書處理的發明對於正在寫作的你來說可能不那麼有用，其中，文法檢查功能是一項有用卻又令人困惑的發明。當我們將一個

字從單數改成複數，卻忘了調整動詞時，程式通常會標示出文法的錯誤，我們對此表示感激。不過，有時會出現整句被指出有誤，但該句（在經過仔細檢視之後）似乎完全符合我們的想法，而且也容易閱讀的狀況。此外，文書處理器的同義辭典提供的潛在同義語數量有限，因此我們比較傾向於使用印刷紙本，特別是最近的《牛津美語寫作者同義辭典》，這本書的好處在於它能區別字詞慣用法與意義的微妙差異。[4]此外，我們最不喜歡的文書處理發明是自動摘要選項，這項功能很少能做到它所承諾的「執行摘要」。我們從不使用這個選項，相反地，我們傾向於自己為自己的作品摘要，而我們也鼓勵你這麼做。

在反覆讀過論文以及在電腦螢幕上進行修改之後，我們將手稿列印出來，用筆或鉛筆仔細檢查一遍，然後才在電腦上進行最後的改正與修訂。你也許會考慮採取這種做法，不過最重要的是，你必須不斷細讀自己的作品。專業的寫作者經常讓別人閱讀他們的作品，並且聆聽對方的建議。得到朋友的幫助——本書每次改版均是如此。不要問他們：「你覺得我的論文如何？」他們會告訴你寫得不錯。而該這麼問：「我這篇文章提出的看法，你覺得如何？」你有時會驚訝於對方的意見，而你也能獲得一些觀念以利後續修改。你也可以問他們，你該怎麼做才能改善自己的寫作，好讓你想提出的核心觀點能被他們所理解。

你們當中有些人可能參與相互修訂歷程，由學生彼此評論各自

---

4. Christine A. Lindberg, comp., *The Oxford American Writer's Thesaurus* (New York: Oxford University Press, 2004).

的論文草稿。你的學院或大學可能培養學生進行這類團體合作，或者你的指導老師也鼓勵或甚至要求你這麼做。就算不是如此，你可能也希望組成自己的團隊（一種寫作俱樂部），讓大家協助修改彼此的論文。最近文書處理程式增添的功能也有助於透過相互修訂與類似歷程來進行修改。這種功能有時稱為「追蹤修訂」，它允許幾個人閱讀彼此的文件檔並提出刪改、增添與評論的建議──每個人可以使用不同的顏色提出自己的看法。

　　身為作者，你也許想請幾個朋友閱讀你的論文電子檔，並且提出電子編輯建議。如果他們隨後閱讀了你的論文，而且每個人都增添了新的建議，則最後你可以得到一個有著各種評論與觀念、可以用來改善你的文章的電子檔。這種程式絕大多數允許你接受或拒絕這些更動，並且將你的決定合併到你最終的文件中。你需要一點時間才能習慣這種團體合作的寫作與修改過程，但這麼做可以輕易將不同評論結合起來，並且合併到你最後的定稿中。我們鼓勵你研究這項文書處理發明，它使得我們大力推薦的相互修訂歷程變得更加容易。

　　網路上可以找到一些有關相互修訂歷程的解釋與指南。在這當中，我們的學生認為「吉爾佛德寫作手冊」相當有用，這是數年前由傑斯克教授為吉爾佛德學院學生準備的資訊，近年來又做了修改。我們的學生是在以下這個網址找到這項資訊的，http://www.guilford.edu/about_guilford/services_and_administration/writing/，你可以在開啟的網頁選單點選「相互修訂」。此外，本章末尾「寫作者的相互修訂清單」的十個問題，提供了一個你可以在這項歷程中使用的有效取徑。

如果你真的在修改的過程中運用這條有用的取徑，那麼要記住，相互修訂的目的是互助，而非證明自己比作者更懂得寫作或更了解論文主題。別忘了，在修改過程中，批評的眼光不能只是專注於批評！正如傑斯克教授的提醒：

> 應該牢記，相互修訂的主要目標是讓寫作者做出有效的修改決定。光是讚美於事無補；只有讚美意味著修訂者未投入必要的努力，未深入思索論文的效果與改善文章的方式。
>
> 儘管如此，修訂者回應的語氣應帶有積極性。不要只是指出哪裡錯誤，要找出作者的優點：讓作者知道什麼東西該繼續維持……
>
> 集體的目標是所有人獲得改善，並且培養出積極的態度來面對自己從事的活動。[5]

你會發現，協助他人從事寫作也能鍛鍊自己在重讀與修改草稿時改善稿子的能力。

對絕大多數寫作者來說，改善草稿的過程一直持續到最後一分鐘。寫作與修改草稿可以幫助你更清楚地注意作品的每個部分，它可

5. Jeff Jeske, "Peer Editing," in *Guilford Writing Manual*, http://www.guilford.edu/about_guilford/services_and_administration/writing/peer_editing/feedback.htmlservices/index.cfm?ID=700003980 (n.d., accessed 21 July 2008).

以幫助你留意你的思維、研究、事實知識、表達與觀念形貌。通常，在寫作與重寫論文草稿時，你會發現自己的思想薄弱或突然想到之前遺漏的反對論點。你因此從事修改，將反對的論點列入考慮。反覆閱讀自己的作品，考量別人所做的評論，這些將能幫助你追蹤自己的觀念，使它們能毫無縫隙地流暢說理，使讀者能如你所願，毫無阻礙地將這些觀點串連起來。

　　最後，我們要再次鼓勵你在寫作過程的每個階段──從最初的探討、經由對特定主題的研究、準備論文草稿、完成最終論文版本的修改──對自己的作品進行備份。為自己的論文做多份電子檔備份，並且列印一份紙本複本。學生們太常灰頭土臉地來到我們面前，報告他們遺失、刪除或毀損了他們儲存論文的唯一一片光碟。雖然我們可以而且的確感到同情，並且為他們感到難過，但我們很難提供什麼協助。記住：要避免失去你辛勤工作的成果，全在你一念之間！

寫作者的相互修訂清單

_____　√　論文是否與主題緊密連結而且處理了所有核心議題？

_____　√　論文的主題（與命題）是否清楚？

_____　√　證據的使用是否有效，其引證與出處是否清楚記錄？

_____　√　論文風格是否前後一貫且不偏不倚？

_____　√　作者的觀點是否清晰明確而且公正呈現？

_____　√　寫作是否清楚，避免了無用的重複之語？

_____　√　字詞是否運用得宜，避免了陳腔爛調與冗言贅語？

_____　√　論文的組織是否清楚，能讓讀者抓到論點？

＿＿＿√　論文是否首尾互應？

＿＿＿√　論文最大的優點爲何？

第五章　特色與風格

　　每個史家提供個人對過去的取徑。當然，表達的模式與寫作的風格往往因寫作者而異，有些史家生動而富戲劇性，有些史家滿足於平淡的散文鋪陳。史家以類似的風格發展出不同的論證——即使思考的是相同或相似的主題——引用各項事實與觀察來呈現論文的核心論點。指導老師同樣期望你能發展出一個「命題」，一個論點，一個將你的論文統合起來的主要觀念，一個你希望別人信服的論證（命題源自於希臘文，意思是「記下」）。你的命題將是一篇論證，是你寫作論文的理由，是你想證明的立場，要讓你的論證取信於人，你必須呈現能支持你觀點的證據。但我們應該提出一項基本的提醒：僅僅是事實與特定資訊的集合，不能算是論文，也不構成論證。

　　卓越的史家芭芭拉・塔克曼很清楚「事實」為每個史家帶來的誘惑：

　　　　提供大量未經消化的事實、未經辨識的人名與未經座落的地名，這些資訊對讀者來說毫無用處，只是顯示出作者的懶惰或炫學的學究心態。捨棄不必要的事實需要勇氣與額外的工作……史家不斷受到歧出於主題之外的曲徑小路所吸引。但寫作的技藝——藝術家的考驗——就在於抗拒誘惑，朝著主題披荊斬棘而去。[1]

---

1. Barbara Tuchman, "In Search of History," in *Practicing History* (New York: Ballentine Books, 1982), 18. 這篇文章實際上是塔克曼於一九六三年在拉德克利夫學院（Radcliffe College）的演說原稿。

事實不會是目的本身。事實必須仔細地加以揀選與交織，以此支持一個你希望別人信服的明確觀點，這將是你論文的命題。但光是清楚陳述命題還不夠，你還需要想辦法說服你的讀者，而要做到這點，你必須找出適當的寫作方式——寫作者的「特色」——來說服讀者相信你呈現的證據，以及接受你提出的論證。在寫作過程中，你可能使用數種取向，有時稱為模式。史家最常用來支持論證的寫作模式是「敘事」、「敘述」、「闡釋」與「說服」。

寫作的模式

當你研讀以下模式時，記住，在寫作歷史論文的過程中，論證（從發展命題的角度來看）是一切模式的基礎。你可能會在同一篇論文中使用了所有的模式；當然，我們也在我們自己的寫作中使用了這些模式。雖然這四種寫作模式經常彼此重疊，但卻擁有各自獨特的性質；通常一篇論文或一本書存在著一個支配模式。當你寫作論文時，試著判斷哪一種模式最能幫助你發展論證。如果你能清楚知道哪一種模式最適合你的目的，你的任務會變得容易一些，不僅對你如此，對讀者亦是如此。

敘事

沒有敘事，歷史無法成為一門學科。歷史敘事告訴我們發生了

什麼事，而且描述時通常會遵循事件發生的順序，一則事件接著另一則事件——正如你講述一則故事，內容是關於今天早晨你發生了什麼事。好的歷史敘事由於容易閱讀的緣故，通常看起來不難寫作。事實上，說故事是一項複雜的技藝。敘事技藝的關鍵部分在於建立取捨的標準，以及做出相信與否的判斷。敘事也必須思考證據的矛盾，你要不是解決矛盾，就是承認這些矛盾無法解決。

　　好的敘事在一開始會先建立某種張力，先提出日後敘事發展所要解決的某種問題。開場白可以引發讀者的好奇。一開始先引進充滿張力的元素，然後隨著故事的發展逐漸解決或解釋這股張力。不要在論文開始時提到日後不打算討論的資料。敘事要有高潮，寫作者希望讀者從故事中得到的意義可以在高潮中具體化。進入高潮時，故事中所有的元素合而為一，所有的問題不是被解決就是被解釋。由於高潮結合了故事發展的所有線索，交織出寫作者的主旨，因此高潮出現之時往往已經接近論文的尾聲，你的讀者應該會覺得你信守了論文開始時的承諾。如果你無法在敘事中找到高潮點，就必須重新組織你的故事。故事必須逐步往高潮點推進，中間不該負擔不必要的細節。說故事時，最好讓引文輕薄短小，使其能切中要點，例證也要有所節制，如此才能清楚說明陳述的事件，順利引導出你要的結論。

　　在以下關於阿多瓦之戰——一八九六年，義大利威脅將衣索比亞併入東北非殖民地中，因而引發衣索比亞皇帝梅尼雷克與義大利之間的戰爭——的敘事中，哈洛德・馬庫斯省略了細節，甚至連引文也極為儉省。他一開始先指出義大利統帥歐瑞斯提・巴拉提耶里將軍的計畫，使讀者對結局產生期待，然後開始敘述實際的戰事發展。

　　巴拉提耶里與他所率領的由八千四百六十三名義大利人與一萬零七百四十九名厄利垂亞人（當地的非洲人）組成的軍隊掌握了阿迪格拉特與伊達加哈慕斯之間的高地。巴拉提耶里準備以智取勝，他的敵人後勤不足，將被迫往南撤退，屆時他可宣稱此役獲勝並且深入提格雷⋯⋯

　　二月二十八日晚上九點，義大利火速向三座可以俯瞰衣索比亞營地的山丘進軍，準備突襲梅尼雷克的軍隊。為了保護左翼，巴拉提耶里派預備旅前去攻占鄰近不知名的第四座山丘，但衣索比亞嚮導不知是搞錯還是故意誤導，竟讓這支義大利軍隊迷失方向。不僅左翼失去掩護，也讓四分之一的義大利軍隊完全失去用處而處於挨打的局面。因此，即使巴拉提耶里的軍隊占據了高地，並且在前方斜坡部署堅強防禦，但失敗的命運早已決定。其實，義大利想利用星期日清晨進行突襲的時點完全是錯的。

　　三月一日清晨四點，梅尼雷克、（皇后）泰圖與一些重要軍政大臣正在參加彌撒，這是因為東正教主持彌撒的時間較早。這是個沉重的時刻，因為軍糧不濟，使得皇帝不得不下令大軍將於三月二日拔營。而當他接到探子回報敵軍正向他們接近時，不禁如釋重負。他下令全軍備戰，士兵們排好隊伍，教士們從他們面前經過，聆聽懺悔、給予赦罪及寄予祝福。當皇帝出現時，綠色、橙色與紅色的衣索比亞旗幟飄揚著，士兵們歡呼再歡呼。五點三十分，梅尼雷克的十萬大軍出發，前去迎戰義大利一萬四千五百

名的軍隊。

到了早上九點，勝負已定。義大利中軍遭到擊潰，衣索比亞人發現巴拉提耶里的防守漏洞，致使義大利其他部隊的側翼也身陷險境。到了中午，當撤退的信號響起，義大利人已付出慘重代價。四千名歐洲人與兩千名厄利垂亞人戰死，巴拉提耶里的士兵有一千四百二十八名受傷，一千八百名被衣索比亞人俘虜。總計，義大利軍隊損失了七成，這對現代軍隊而言是一場災難。

梅尼雷克的軍隊估計約有四千到七千人死亡，受傷的人數或許達到一萬人，這個比例算是偏低，與義大利有著天壤之別。義大利軍遭到摧毀，相反地，衣索比亞軍仍維持完整，並且因遺留在戰場上的武器與物資而得到加強。這場勝利無疑屬於衣索比亞人。

在講述這則有關帝國衝突的故事時，馬庫斯先提出一個問題，然後描述這段故事，直到出現意料之外的結局為止。雖然與阿多瓦戰役相關的可得史料多如牛毛，包括義大利官方紀錄、書信與士兵日記，更甭提還有從一些參與者蒐集來的口述證言，但馬庫斯明智地選擇不在敘事中注入過多這類潛在來說與主題無關的資訊。他使用剛好充分的證據，主要是接戰士兵的數量與傷亡的數字，以這種方式來增添描述的可信度。因此，你會傾向於相信他後來下的結論：梅尼雷克在阿多瓦之役的勝利，確實「保障了衣索比亞往後一個半世代中未受挑戰的獨立狀態；它給予這個國家一個類似於阿富汗、波斯、日本與泰國

的地位，這些國家被承認是帝國主義世界秩序中的異例」。[2]你可以看到他對這場戰爭經驗的描述，如何支持他在書上提出的核心論點。

當然，你在研究時很可能查閱許多已出版的（或許還包括未出版的，如果你的學院或大學有自己的檔案室的話）書信集以及期刊和論文集。它們提供類似的研究機會，使你能撰寫其他與過去相關的故事的敘事。不只是戰爭，還有個人的生活，甚至包括這些題材對於其存在的環境所提供的解釋，均能成為歷史論文中吸引人的主題。

敘述

敘述與敘事一樣，有時看起來相當直接，它是一種對感官經驗——事物看起來、感覺起來、嘗起來、聽起來與聞起來的樣子——的描述，與對態度及行為較具印象式的形容。受歡迎的歷史包括生動的敘述，想讓學院或學界讀者閱讀的論文也可以在人物與地方的敘述上多下一點工夫。無論對無窮的歷史事實有多了解或多無知，每個人都具有與前人類似的感官經驗。因此，敘述可以引發讀者的想像，並且吸引他們進入你想講述的故事中。史景遷對十七世紀中國地方生活的研究，《婦人王氏之死》，確切地做到了這點。

一六六八年七月二十五日，一場地震襲擊郯城縣。傍

2. Harold G. Marcus, *A History of Ethiopia*, updated ed. (Berkeley: University of California Press, 2002), 98-100.

晚時分，月亮緩緩升起，除了一陣像是從某處發出、傳向西北的嚇人轟隆聲外，沒有一點預警。市區裡的建築物開始搖晃，樹木也開始有韻律地搖擺，然後是更激烈的前後擺盪，直到樹梢幾乎碰地，接著又是一次劇烈的搖動，震垮了大片的城牆、垛口、官衙、廟宇和數以千計的民房。寬廣的裂縫穿過馬路和房屋下方，水柱噴向空中，高達二十呎，甚至更高，裂泉湧向路面，淹沒了溝渠；試著維持立姿的人，覺得腳像是旋轉失控的圓石，終於跌落在地面……

就像來時一樣的突然，地震停了。大地靜止，水流退去，只留下一些邊緣盡是淤泥和細沙的裂縫。殘垣頹壁一層層地堆積在塌陷處，像一組組巨大的階梯。[3]

這段關於地震的敘述相信會讓任何有類似經驗的讀者產生共鳴，即使是僅從電視看到地震當時與事後景象的讀者，也會感同身受。生動的敘述可以讓讀者輕易置身於三個世紀之前的中國東部。史景遷教授在研究中引進這類清晰而可信的敘述，使讀者相信他對與今日經驗天差地別的社會生活所做的分析。你可以在敘述上多用點心，通常可以達到相同的效果。

但是，在敘述事物時絕對不可以憑空捏造。雖然有些讀者喜歡閱

---

3. Jonathon D. Spence, *The Death of Woman Wang* (New York: Viking Press, 1978), 1-2. 譯文引自史景遷著，李孝愷譯，《婦人王氏之死》，（臺北：麥田，2009），頁 34-35。

讀充滿奇想的歷史作品，但史家有充分理由認為這類作品低俗不實。
這裡有兩段由已故的保羅‧穆瑞‧肯德爾寫下的文字，出自他令人讚
賞的描述一四八三到一四八五年間英格蘭國王理查三世的傳記。這段
文字敘述一四七一年四月十四日早晨的巴內特之役的行動與情感，在
此役中，理查──當時的格洛斯特公爵──支持他的哥哥愛德華四世
對抗沃里克伯爵推翻國王的行動。

　　突然間，在迷霧中，敵軍左翼與後方起了一陣撼動蘭
開斯特戰線的旋風。艾克斯特的人馬開始動搖，他們起初
還頑強抵抗，之後卻兵敗如山倒。沃里克的中軍想必已潰
不成軍。理查吩咐號角手吹起進攻軍號。疲憊的年輕統帥
與疲憊的軍士們一擁而上。敵軍丟盔棄甲，一哄而散。
　　迷霧中隱約可見約克家的巨幅太陽旗。一個巨大的身
影大步向前。掀開護面，理查看見國王面帶以他為榮的神
情對他微笑。右翼往西斜穿蘭開斯特家的殿後部隊，與愛
德華中軍會合，兩軍一起將戰事推向終點。此時是早上七
點；這場戰鬥持續了近三個小時。**4**

　　肯德爾的敘述構築出生動的戰爭景象，但他的場景幾乎完全出自
虛構。與巴內特戰役相關的史料非常稀少。一般同意戰場上出現了大

---

4. Paul Murray Kendall, *Richard the Third* (New York: Doubleday, 1965), 97.

霧讓整個戰局混淆難辨。在戰爭過程中，蘭開斯特方面有人高喊「叛
徒」，而其他人也跟著叫嚷。位於戰線正中央的蘭開斯特軍以爲側翼
有將領倒戈，於是土崩瓦解。他們的統帥沃里克伯爵在試圖抓住馬匹
時被殺。但肯德爾對理查遇到哥哥愛德華的敘述完全出於幻想。無怪
乎史家查爾斯·羅斯在提及肯德爾對巴內特的描述時，冷冷地評論
說：「大概只有輕率的讀者才會以爲作者眞的出現在戰場上。」**5**

　　比羅斯的輕蔑更糟的是，這類虛構的細節破壞了肯德爾的可信
度。他的作品用意是要從湯瑪斯·摩爾與莎士比亞手中恢復理查三世
的名聲，這兩個人把理查三世說成一個說謊的僞善者與殺人兇手，他
在愛德華四世駕崩後殺死了他的遺孤。要相信這種反主流歷史意見的
論點，你必須對作者有信心。但像肯德爾充滿虛構敘述細節的作品，
無法被冷靜而深思的讀者所嚴肅看待，而自從出版以來，他的作品每
隔一段時間就受到人們的奚落。你要盡可能抗拒誘惑，不要以假的敘
述（如肯德爾的作品）來讓自己的寫作顯得生動。

闡釋

　　闡釋是解釋與分析，例如哲學觀念、事件原因、決策意義、參與
動機、組織運作與政黨意識形態。只要你著手解釋因果，或事件或觀
念的意義，你便是以闡釋模式從事寫作。當然，在一篇論文中，闡釋
可能與其他寫作模式共存。講述「何事」發生的敘事者，通常會以幾

5. Charles Ross, *Richard III* (Berkeley and Los Angeles: University of California Press, 1983), 21.

個段落來講述「何以」發生——因而形成闡釋性的寫作。有些歷史論文在敘事與闡釋之間維持著相當均衡的比例，同時講述何事發生與何以發生（解釋故事的意義）。許多歷史論文主要採取的是闡釋模式，特別是那些細分與分析文本或事件，以告訴讀者文本意義的論文——甚至當作者敘述何事發生時，就已經離不開解釋。

闡釋性寫作的一項重要範疇（特別是在大學課堂上）是史學史論文。這些「歷史的歷史」（它們有時被這麼稱呼）非常重要，它們能協助學生理解史家思考特定主題或對這些主題進行推論時所使用的證據與論證。學生通常會被要求寫作這類論文，不過我們發現許多學生經常覺得這類練習非常的困難。或許這是因為他們比較固執於事實，在這類論文中把觀念本身當成事實，有時似乎是不得不然的做法。但你必須無懼於這樣的努力。如果你把這類論文單純視為另一種歷史分析形式，它將不會如你初次想像時那樣的困難。

在種類繁多的歷史期刊中，有許多史學史論文的例子；查閱這些論文並且讓自己熟悉這類歷史寫作的共同形式，你的寫作將會更上層樓。許多史學史論文包含詳細的分析，這些分析無法以簡短的摘要形式有用地加以呈現，但以下這段由大衛·布萊恩·戴維斯撰寫的論文摘錄，將可給予你一些觀念，讓你知道如何進行史學史的闡釋：

　　過去三十年來，我們對美國奴隸制度的理解有了相當豐富的增益，在嚴謹而持續的比較範疇上出現了許多研究。人們特別會想到卡爾·德格勒的作品，他比較巴西與美國的奴隸制度與種族關係；喬治·弗雷德里克森的兩冊

作品，討論美國與南非的白人至上主義及其影響；以及彼得・科爾欽對美國奴隸制度與俄國農奴制的比較與分析，這項計畫大大拓寬與豐富了他隨後對美國奴隸制度（從一六一九到一八七七年）的研究。一些比較專門的研究也應該提及，例如席爾・戴維斯・波曼討論美國種植園主與普魯士容克、尤金・傑諾維斯與麥可・克雷頓討論奴隸暴動，以及理查・鄧恩討論維吉尼亞與牙買加兩處特定的種植園。如果比較方法「可以」呆板地表列出類似與差異，那麼針對特定主題如家僕、奴隸工匠、都市與製造業的奴隸，使用更具比較性的方法，想必更有益處。科爾欽坦白指出比較史學面臨的嚴峻問題，這些問題有助於說明為什麼這類長篇研究的數量相對有限。但我認為，比較史學的累積效益已可以從一些具有全球意識的史家看出，例如湯瑪斯・霍特討論牙買加的作品；莉貝卡・史考特討論巴西與古巴的作品；弗雷德里克・庫伯討論東非的作品；以及西摩・德雷舍討論英國絕對主義及其他主題的作品——更甭說無所不在的經濟史家史坦利・英格曼，他的作品討論了各種形式的不自由勞工，在視野的寬廣上無人能出其右。

　　然而，雖然謹慎而經驗的比較是不可或缺的，特別是這樣的比較能提醒我們下列主題的重要性：奴隸社會的人口統計與性別比例、奴隸社群的差異，以及常駐種植園主與在外種植園主的社會意涵，但最近的研究也強調了「大圖像」的重要——這種相互關係構成了大西洋奴隸體系，以

及這類種族奴隸制度在西方與現代世界發展中所占有的地位。**6**

　　當然，戴維斯把他寫作奴隸制度的卓越經驗帶進對史學史的闡釋中，但他提及的作品，對於尋找與奴隸制度相關的歷史作品的學生而言，是容易理解的著作，而他用來分類研究的範疇，對於任何仔細研讀作品的人來說也易於遵守。戴維斯教授持續思考與他的論文〈從更寬廣的視角觀察奴隸制度〉主題相關的其他作品，而他也對他提及的超過二十本作品與文章進行了比較與分析。後者的成果是一篇思考周密的史學史論文，而且並未超過我們熟知的許多大學生的程度。運用你的腦袋仔細研究與閱讀，你也可以創造出一篇具有同樣深度的闡釋文章，討論史家如何在經過一段時間後寫出有關奴隸制度或幾乎任何其他嚴肅主題的作品。

說服

　　史家與其他人在寫作時採取說服的方式來表明自己對某個主題的立場；而當該主題具有重要性，而其證據又具有開放的詮釋性時，這類論文往往最令人感到興趣。你可以在任何一項重要的歷史爭議上發現史家的意見不合。意見不合是可貴的，因為意見不合可以避免爭議

---

6. David Brion Davis, "*AHR Forum*: Looking at Slavery from Broader Perspectives," *The American Historical Review* 105(2000): 453-454；我們刪除了戴維斯教授的腳註，其中包括了他提及的許多作品的完整引文。

僵持在不寬容的對立上，而辯論實際上可以在當下鼓勵寬容。意見不合也協助讀者從不同的角度觀察史料。意見不合在書評中最爲常見。一名史家如果不同意另一名史家的看法，他可能會對於自己認爲不正確的作品提出反對的論點。雅各布‧布克哈特出版於一八六〇年的《義大利文藝復興的文明》，引發的回應足可收藏一整座圖書館：書評、文章乃至於書籍，嘗試說服讀者相信布克哈特對文藝復興的詮釋是對的或錯的──或者認爲他有對的部分亦有錯的部分。特納針對邊疆在美國史上扮演的角色提出自己的看法，同樣也引發不少話題。

當然，當你著手建立論文命題時，你也會使用說服的方式讓讀者接受你的核心論點。總是要在論文中簡明而盡早地陳述你的命題，並且緊跟著指出你的主要論點以及你將使用的證據，以支持你的立場。當你做出在說服讀者上相當重要的斷言時，總要提供一些例子做爲證據。在一般陳述之後，緊接著一段引文或其他一些具體的證據，可以讓讀者有理由相信你。在下面這則有關第一次世界大戰期間法國婦女自願擔任護士的故事中，史家瑪格麗特‧達洛試圖說服讀者接受乍看之下似乎相當弔詭的景象。戰爭的神話聲稱戰爭「充滿了榮譽、勇氣、英雄主義、自我犧牲與男子氣概」。護士照顧傷者與將死之人，她們不僅被神話的力量所感召，也被她們見到的現實所震撼；她們必須努力地調和兩者。達洛提供了對這個問題的觀察：

　　　　幾乎很少有回憶錄能夠化解高貴磨難與英雄犧牲，
　　以及充滿泥土、疼痛、恐懼與疲憊的現實之間的緊張感，
　　絕大多數的回憶錄只是從一個模式擺盪到另一個模式，並

沒有進行調和的打算。例如，諾艾爾‧羅傑在描述重傷士兵的病房時，先是提到「這些人全經歷了一場輝煌的冒險」，然後描繪手術檯上的男人因疼痛而尖叫的聲音、破傷風患者因恐懼而全身僵硬，以及彈震症產生的幻覺。然而，她的原意不是為了嘲諷；她似乎沒有注意到——或無法表達——這裡沒有一件是輝煌的冒險。[7]

這是一個標準的歷史寫作模式——無論何時總要盡可能遵循這種模式。達洛教授首先做出一般陳述，然後提供一句引文與證據摘要。由於作者提供了特定證據，因此讀者更容易被論證所說服。你可以在你的論文中照著這麼做。

如果你坦承自己的弱點，你的論證將更具說服力。如果你承認你的論證有不足之處，公允地思考反對論點，並且提出一套反駁的理由，你將在讀者面前建立起判斷的自信。你也許承認有些證據對你的論點不利，但你要解釋這些證據比不上你用來支持觀點的證據來得重要或可信。或者，你可以主張反對證據受到錯誤詮釋，但是總要回到你論證的主題上。沒有經驗的寫作者有時會試圖把自己所知的一切資料塞進論文中，彷彿這是一鍋湯，料越多越好。以塔克曼在本章一開頭給的忠告為例，要拒絕「受到歧出於主題之外的曲徑小路所吸引」，這些相對於你的主題只是細微末節。回到你的重點。相信你的

---

7. Margaret H. Darrow, "French Volunteer Nursing and the Myth of War Experience in World War I," *The American Historical Review* 101 (1996):100.

讀者，更要相信你自己。盡可能用簡潔的方式進行論證，若能如此，你的論文將更具說服力！

簡單而直接的寫作

　　當你開始寫作論文時，思考以上介紹的四種表達模式將有助釐清你的寫作任務。你因此能更精確地界定你寫作論文的理由、擬定你的研究計畫，並且對你即將寫作的內容進行組織。將這些模式牢記於心，也能幫助你發表看法並且改善你的寫作風格。我們很慶幸這份寫作的忠告被濃縮在一本討論這項主題的作品標題上，這是由廣受尊敬的美國史家賈克·巴贊所寫的《簡單與直接》。當然，寫作不總是那麼簡單。史家之間約定俗成的寫作慣例——既非法律亦非嚴格規定，只是單純的習慣做法——有其重要性。如果你違反慣例，便已冒著作品不被嚴肅看待的風險。你的讀者甚至會敵視你寫作的內容，因為你拒絕依照人們的期望行事，形同侮辱了讀者。對寫作者來說，激怒讀者是毫無道理的。

　　在尋求自身的寫作特色與追尋一致的風格時，你可能受到引誘而去遵循一項太常聽到的建議：「我筆寫我口」。「這是愚蠢的，」巴贊直率地寫道：

　　　　絕大多數的口語並不淺白或直接，反而是模糊的、拙劣的、混淆的與嘮叨的。最後一項缺點經常出現在每一

份錄音對話的抄錄本上，這是為什麼我們要說「簡化成文
字」。我筆寫我口的建議，其意義是指以「我們可能的」
說話方式來進行寫作，但前提是我們話說得極好。這意味
好的寫作不應該窒塞、虛浮、誇大與完全不像我們自己，
而是要「簡單而直接」。**8**

當你修改論文時，最好能夠達到這項目標。除了仔細閱讀自己的論文
（甚至於大聲朗讀，以確認自己寫下了自己想要的內容）這項合理的
建議外，還必須牢記幾項關鍵領域，即使你準備的只是初稿。遵循這
些慣例將有助於發展獨特的特色與個人的寫作風格，不僅對你有利，
也對讀者有幫助。

寫出具有連貫性的段落

段落是一群由一個主導觀念結合在一起的句子，目的是為了增加
可讀性。縮排與空格可以打破一長列鉛字所造成的單調乏味。段落可
以協助讀者輕鬆閱讀文本。從已結束的段落中提示主題的些微轉折，
通常以一句簡要的簡單陳述宣示下一段即將發展的想法。一個值得參
考的經驗法則是，在每一頁打字稿上維持一到兩個段落空格。這只是
經驗法則，不是硬性規定。就歷史寫作來說，最好避免像新聞報導一
樣，以一到兩個句子構成一個段落。

8. Jacques Barzun, *Simple & Direct: A Rhetoric for Writers* (New York: Harper & Row, 1975), 12-13.

　　所有的段落都從第一句開始，隨後的句子自然從第一個句子流洩而出。雖然段落是一種彈性的形式，但最可讀的段落必須仰賴連接詞。連接詞有時是句子裡的一個字詞，它會在下個句子再次出現。連接詞將你的句子捆綁在一起，因而連結了你的想法。你通常可以用以下這個方式來測試段落的連貫性：觀察是否每個句子都有連接詞，這些連接詞可以藉由某種方式將句子的想法連接到上個句子，並且一路回溯到段落的第一個句子。類似的重複模式使整篇文章連成一體。每個句子都重複了前一個句子的某個部分──一個字詞、一個同義字，或一個觀念──並且為讀者既有的資訊增添某種新的內容。

　　甚至在羅伯特‧波斯特的這個簡短段落裡，你也能看到連接詞運作的模式：

　　　　紐約人總是對運輸創新有著高昂的興趣，事實上，美國第一輛蒸汽火車頭便是來自紐約市的西點鑄造廠。但紐約人才剛歡慶打開西部腹地的伊利運河的開通，因此，對鐵路懷抱最大熱情的城市是那些尚未連通自身腹地的城市，包括波士頓、查爾斯頓，尤其是巴爾的摩；它是美國的第三大城，擁有近八萬的人口。對這些城市來說，像伊利運河這樣的交通手段無法成為一項可實現的選擇。但鐵路可以。[9]

9. Robert C. Post, Technology, *Transport, and Travel in American History* (Washington, DC: American Historical Association, 2003), 44；我們刪除了引證的史料。

當你閱讀的時候，可以在歷史描述的段落中尋找類似的連接詞，並且在寫作時思索如何應用它們。這麼做可以幫你培養出更高的思想連貫性，而且你可以發展出更敏銳的感受，了解段落中該寫什麼與不該寫什麼。

讓句子易於處理

你的句子應該聚焦於你想陳述的最重要觀念上。不要讓你的句子與其他無法發展的資訊或與你的論文無直接關係的資訊糾纏不清。讓句子易於處理的一個方式是避免過多的從屬子句（從屬子句可以做為形容詞或副詞，並且修飾句子中的其他元素）。我們無意建議你完全避免從屬子句，而是希望你不要使用太多，以至於失去對句子的控制，導致文章難以閱讀。如果在寫作句子時，先思考主題，然後思考想針對主題說什麼，如此將有助於讓你的思路清楚。讓真正的主題埋沒在從屬子句裡並不能改善你的寫作。事實上，最具可讀性的寫作者往往每三到四個句子才使用一到兩次從屬子句。

以下是引自史家韓德林夫婦的作品《擴張中的自由》中一段優雅可讀的段落；注意句子中主詞與動詞的緊密關係——即使在從屬子句裡：

和解的景象對一個政府來說意義甚大，政府裡的政治人物不全然是心地純粹與動機高尚之人。一七九八年一月

　　三十日，位於費城佛蒙特州的馬修‧里昂先生曾經因為在
戰場上表現怯懦而被迫佩戴一把木劍。里昂先生於是朝格
里斯沃爾德先生臉上吐口水。之後，格里斯沃爾德先生前
往栗子街的麥記店鋪，買了店裡最大的一根胡桃木手杖。
他回到眾議院，當著所有國會議員的面與議長的勸阻下，
打了里昂先生的頭與肩膀。對這齣戲裡的兩名演員加以責
難，顯然沒有用處。**10**

確定句子中的主詞緊密連結著動詞（用來敘述主詞採取的行動）——
單數主詞搭配單數動詞，複數主詞搭配複數動詞——如此可以協助你
聚焦於好寫作的另一項重要風格元素。

避免被動語態

　　在使用被動語態的句子裡，動詞對主詞施予動作。在主動語態
中，主詞透過動詞施予動作。以下是主動語態的句子：

　　　約翰‧甘迺迪總統下達入侵古巴的決定。

而以下是被動語態的句子：

10.Oscar and Lilian Handlin, *Liberty in Expansion: 1760-1850* (New York: Harper & Row, 1989), 160.

> 入侵古巴的決定已被下達。

你可以馬上看出使用被動語態的問題。被動語態通常隱藏了句中的行動者。在主動語態中，我們知道誰做了決定。在被動語態中，我們不知道誰做了決定，除非我們在句子最後增加一個拙劣的介系詞片語，「被約翰‧甘迺迪總統下達」。

可讀性高的史家只有在有理由這麼做的時候才使用被動式。當句子的明顯重點是主詞被施予動作時，才有使用被動式的必要：

> 比爾‧柯林頓於一九九六年十一月連任美國總統。

被動式也有助於將一個段落的焦點聚集在某人或某團體身上，尤其當大家都知道行動者是誰的時候。在以下這段描述一九一七年俄國大革命與之後歷史的段落中，被動式被使用了好幾次。我們以斜體字將使用被動式的子句標示出來。研究這些子句，以了解作者奧蘭多‧菲吉斯如何使用被動語態：

> 克隆史塔特海軍基地，一座位於彼得格勒外芬蘭灣中的小島，上頭盤踞著好戰的水手，這裡顯然已成為最具叛亂色彩的布爾什維克先鋒堡壘。這些水手是年輕的受訓學員，他們在戰時幾乎未曾經歷任何軍事行動。前一年，他們與軍官一起待在船上，軍官們以非比尋常的殘暴虐待他們，因為學員不受一般海軍紀律的規範。每艘船就像是

裝滿仇恨與暴力的火種箱。二月，水手們以極為殘暴的手
法發動叛變。艦隊司令維倫，基地指揮官，被刺刀連刺無
數次而死，其餘數十名軍官被殺、被處以私刑或被監禁於
島上的地牢裡。舊海軍的階序完全摧毀，實質權力交給了
克隆史塔特蘇維埃。這是一場發生在二月的十月革命。臨
時政府的權威從未真正建立，軍事秩序也未恢復。克倫斯
基，當時的司法部長，雖然不斷地努力，也無法獲得受監
禁軍官的司法管轄權，儘管資產階級報紙上有傳言指出他
們受到殘忍的折磨。[11]

這個段落的重點是克隆史塔特水手叛變的結果。因此，在這個段落
裡，被動式有聚焦的效果。

我們的最佳建議如下：當你使用被動語態時，問自己「為什
麼」要這麼做。如果你沒有使用被動式的清楚理由，那麼就以主動語
態重寫你的句子。

以過去時態書寫過去

沒有經驗的寫作者有時為了得到戲劇效果，往往將自己的作品轉
變成歷史上的現在。他們可能寫出這樣的文章：

11.Orlando Figes, *A People's Tragedy: A History of the Russian Revolution* (New York: Viking, 1997), 394-395.

　　喀爾文‧柯立芝如此看待這場爭議：政府對於私人
事務已經干涉太多。他現在是政府首腦，他會盡可能不做
任何干預。當人民希望他的協助時，他保持緘默。他如此
表示：「美國人民的主要事務是商業。」他不認為政府應
該干預商業過程。柯立芝去職不到一年，爆發了經濟大恐
慌。

　　這種做法通常是為了賦予歷史戲劇生命，使歷史在我們閱讀時又
重演一次。但這麼做經常會帶來反效果；過度使用現在式，不用多久
就會讓人感到沉悶，而且經常會造成混淆。根據美國的史學慣例（英
國亦然），以過去式書寫過去是最適當的。然而，以現在式敘述一篇
文章（甚至一篇演說的文字稿）或一件藝術作品還是允許的，因為這
類作品就閱讀或觀賞它的人而言是處於現在。
　　然而，使用過去時態通常效果會更好，尤其當你不打算援引太多
作品內容的時候。如以下的例子：

　　一八九六年在民主黨全國代表大會上發表的〈黃金十
字架〉演說中，威廉‧詹寧斯‧布萊恩支持貧農的說法，
認為通貨膨脹有助於提升農民的農作物價格。

在這個例子裡，強調的重點是布萊恩而非演說本身；因此，簡單過去
時態似乎更為適當。再一次，維持焦點於寫作中最重要的部分，這是

你最佳的指導原則。

　　有時我們的學生會仿傚從電視上，尤其是從體育播報員口中聽來的句型，這些播報員使用戲劇性的詞彙，爲的是讓他們的播報能讓人更興高采烈。美式足球同步實況轉播的播報員在描述跑陣達陣（「他將一路跑進達陣區！」）時的用語，似乎影響了許多學生在論文中誤用了與過去相關的條件陳述。如果你只以過去式來書寫歷史故事，狀況會好很多。舉一個特殊例子，寫作者只在適當的歷史脈絡使用條件陳述，我們曾在第一章一開始引用葛瑞恩教授在論文開頭寫的內容：

> 這種寬容的共識並非一蹴可幾。菸草於十六世紀末首
> 次傳到鄂圖曼中東之後，點燃了關於合法性與道德性的激
> 烈爭論。開羅街頭的爭吵突顯出這些意見的衝突。**12**

當你協助讀者了解歷史事件的先後次序時，這類句構偶爾會有用處。然而，如果你書寫過去時能使用過去時態，相信效果會更好。

首尾呼應

　　你可以幫助你的讀者牢記你的論文的中心主旨，如果你能確定你的第一段與最後一段有著明顯的關聯性。絕大多數的出版作品（一本

12.Grehan, "Great Tobacco Debate," 1352.

書的第一段與最後一段，或第一章與最後一章）具有這種首尾一貫的
特性。你可以在尚未閱讀中間部分的狀況下了解首尾的關聯性，而且
至少能大略推論出中間部分的可能內容。有時你會發現有些作品的首
尾並沒有清楚的字詞連繫。希望確定自己的作品首尾一貫的寫作者，
可以留意每一篇論文結尾的段落是否反映第一段曾經出現的文字與思
想，如此應有所幫助。注意〈附錄一〉桑能伯格的論文如何以這種方
式構成。翻閱《美國歷史評論》或《世界史》的論文，或甚至受歡迎
的意見期刊如《大西洋月刊》或《紐約客》，你會發現絕大多數的文
章是首尾呼應的。

字詞形式與標點符號

　　當你閱讀歷史作品時，仔細注意會發現一些謹慎使用字詞與標點
符號的例子。如本章一開始提到的，我們應該可以相當明顯地看出簡
單與直接的寫作要比口說來得困難。有時在辛苦寫作的過程中，我們
會一時閃神誤用了字詞與標點符號。亦即，我們違反了慣例。大多數
人可以藉由仔細而大聲朗讀自己的作品來察覺這類錯誤。你通常可以
相信自己的耳朵。聽起來不對勁時，可以試著做點更動。讓別人閱讀
你寫的東西，無論出於非正式的邀請還是做為相互修訂歷程的一環，
這種機會相當寶貴。我們也鼓勵你尋求其他建議，而不只是求助你的
指導老師而已。許多年來，美國的大學生也獲益於威廉‧斯特倫克與

懷特在《風格的要素》（現在是第四版）中的建議，[13]我們也將這本書推薦給你。當你試圖改善自己的寫作，並且希望為自己的論文發展出一個可讀的風格與特色時，接下來關於一些共同的寫作困難的建議，將提供你一個開始。

讓修飾語在你的控制之下

　　形容詞修飾名詞，副詞修飾動詞、形容詞與其他副詞。形容詞與副詞有時會弱化它們修飾的字詞的概念。然而，一個好的形容詞或副詞，若能善加運用於必要之處，則可增添整個句子的光采。我們的最好建議是儉省地使用形容詞與副詞。每十二到十三個字出現一個形容詞，這是美國的出版作家使用形容詞相當固定的比例。副詞與其他字詞的比例略低。當然，這些比例並非絕對；基於某些目的，你可能需要使用更多的形容詞與副詞。但要確定你真的需要使用這些形容詞與副詞。

　　你也可以使用敘述性的分詞片語，這些片語通常用來做為句子的開頭。但你必須確定這些片語確實修飾了你想修飾的主詞，否則你將冒著文章無法被人理解，甚至會讓讀者感到荒謬的風險。例如，思考這一段話：

　　　　生活在一個較不暴力的社會裡，美國的每個男人、女

13.William Strunk and E. B. White, *The Elements of Style*, 4th ed. (Boston: Allyn and Bacon, 1999).

人與小孩都有權擁有自己的突擊步槍的觀念，對絕大多數
加拿大人來說似乎相當荒謬。

誰或什麼生活在較不暴力的社會？觀念？如果改寫成這樣，這句話會
更清楚：

生活在一個較不暴力的社會裡，加拿大人認為美國的
每個男人、女人與小孩都有權擁有自己的突擊步槍的觀念
是相當荒謬的。

讓這類修飾用分詞盡可能貼近它們所要修飾的字詞，正如你用形容詞
與副詞進行修飾一樣。

要確定代名詞指涉先行詞

代名詞代表的名詞被稱爲代名詞的「先行詞」。限定代名詞——
例如「他」、「她」、「它」、「（受詞的）他」、「（受詞的）
她」、「他們」、「（受詞的）他們」與「他們的」——代表在句子
與段落中經常出現在它們之前的名詞。如果你必須大量修改句子，那
麼務必讓代名詞的指涉清楚。如果你寫出以下的句子，將會混淆讀
者：

捷克人瞧不起斯洛伐克人，因爲他們比較具有世界主

義的傾向。

代名詞「他們」指涉的是誰？是捷克人還是斯洛伐克人比較具有世界主義的傾向？如果你改寫成以下句子會比較好一點：

> 比較具有世界主義傾向的捷克人瞧不起鄉村氣息濃厚的斯洛伐克人。

雖然原來的版本對你來說相當清楚，但你的讀者會比較喜歡修正後的版本。

精確地表示名詞複數與名詞所有格

要注意複數名詞與集合名詞的差異。例如，單數名詞是 peasant，複數是 peasants，但歐洲歷史上的集體階級被稱爲 peasantry。我們可以稱在工廠裡工作的某個男人或女人爲 proletarian，在裝配線上的一群人也許可以被馬克思主義者稱爲 proletarians。但馬克思稱整個階級爲 proletariat。當我們談到社會裡的最高社會階層時，我們會提到 noble 或 aristocrat，而一群這樣的人則被稱爲 nobles 或 aristocrats，但整個階級則被稱爲 nobility 或 aristocracy。

注意不要使用上標點（’）來表示複數。不要寫成

> 威爾遜一家人（the Wilsons’）前往華府。

正確的形式是

威爾遜一家人（the Wilsons）前往華府。

日期與首字母縮減詞的複數形不使用上標點。所以你應該寫成 1960s
或 NCOs（士官，例如中士）。

上標點用來表示所有格，以顯示所有權或特定關係。有些寫作者
與編輯在字尾有 s 的單數名詞後面只使用上標點。但我們認為比較好
的做法是跟處理一般的字一樣，不要有例外。如：

Erasmus's works

Chambers's book

至於字尾已經有 s 的複數名詞，只需要上標點就可以表示所有格：

the Germans' Plan

the neighbors' opinions

至於字尾沒有 s 的複數名詞，就依照單數名詞的方式來表示所有格：

women's history

children's rights

區別普通字詞的口語與書面形式（中標）

　　縮寫式 it's 代表 it is，有時會代表 it has。所有格代名詞 its，指「屬於 it 所有」。以下是一些例子：

> *It's* almost impossible to guarantee safe travel.
>
> *It's* been hard to measure the effects on the country.
>
> The Idea had lost *its* power before 1900.

　　同樣地，你應該在縮寫式 you're（代表 you are）、所有格 your 與名詞 yore（意指「往昔」，偶爾用來敘述過去）之間做出適當的區別。這些字詞應以下述例子加以運用：

> *You're* going to the picnic, aren't you?
>
> Will you take *your* umbrella?
>
> We'll have a good time, just as we did in days of *yore*.

　　你將發現，這些區別是你的文書處理拼字檢查程式無法發現的，所以它們需要你特別勤勉地進行校對。類似的混淆經常發生在 site（如網站或歷史遺址）與 sight（用來敘述我們以我們的眼睛看到的事物）這兩個字上面；動詞 cite 也會與這兩個詞發生混淆，特別當它不湊巧地取代 citation 來表示你對文獻史料的引用時。

適當地使用受格代名詞

代名詞的主格或主詞形式，包括 I、we、he、she、who、they 與 those。受格形式包括了 me、us、him、her、whom 與 them。主格用來表示一個句子或子句的主詞：

> *I* read Huizinga's books.
> The Prince said *he* was not the king's son.

受格應該用來表示介系詞的受詞：

> It was a matter between *him* and *me*.
> Between *You* and *me*, I made a mistake.

受格應該用在間接受詞上：

> The President gave *her* a cabinet position.

受格形式應該用來做為不定詞的主詞或受詞。不定詞是一種動詞形式，包括不定詞標示字 to 與字典形式的動詞。因此，to go、to be、to dwell 與 to see 都是不定詞。不定詞的主詞是句子裡出現在不定詞之前的名詞或代名詞，它們的行動藉由不定詞來表現：

King Leopold wanted *him* to go at once to Africa.

在這個例子裡，受格代名詞 *him* 所指示的人將前往非洲。由於他將要做出前往的行動——這個行動表現在不定詞 to go 上——因此代名詞 him 既是不定詞的主詞，又處於受格的位置。

維持一連串平行並列的形式

英語與美語寫作者經常以一連串的方式使用字詞或片語，但一連串字詞或片語的每個單元都必須在文法上具有對等地位。因此，你「不應該」寫出這樣的句子：

Richelieu wanted three things for France-authority for the king, an end to religious strife, and he also wanted secure "natural" frontiers.

這一連串是以介系詞片語修飾的名詞起始，但最後卻是一個子句。這句話應該改寫如下：

Richelieu wanted three things for France-authority for the king, an end to religious strife, and secure "natural" frontiers.

對寫作細節的注意也應該擴及到標點符號上，它同樣有助於讀者理解你的論文意圖。

適當地使用逗號與分號[*]

獨立子句（本身自成一個句子）可以用逗號加以區隔，但是只有在使用連接詞時才能如此。沒有連接詞時，你應該使用分號，而不能只以逗號連接獨立子句。研讀這些適當的例子：

> 麥克納里—豪根法案將提供補助給美國農民，但柯立芝總統於一九二七年否決了這項法案。
> 美國民眾決定他們必須放棄禁酒令；這項法律造成太多社會混亂。

不過，當引導片語太長時，你應該以逗號加以區隔：

> 即使在橫貫大陸的鐵路於一八六七年完成後，一些開拓者仍然搭乘篷車前往西部。

---

[*] 譯註：教育部國語推行委員會編著的《重訂標點符號手冊》修訂版（民國九十七年十二月）可以在網上查閱，網址是 http://www.edu.tw/files/site_content/m0001/hau/c2.htm。網頁最底下亦有 pdf 檔與 doc 檔可供下載。

你也可以使用逗號區隔一連串字詞或片語：*

　　　小羅斯福總統著手解決失業、銀行與信心不足的問題。

　　　威廉・詹寧斯・布萊恩藉由巡迴一萬八千英哩、舉行六百場演說與攻擊「富人利益」的方式，競選一八九六年的總統職位。

然而，如果一連串字詞或片語出現在冒號之後，每個字詞或片語則應以分號加以區隔：

　　　威廉・詹寧斯・布萊恩競選一八九六年的總統職位，並且堅持幾項關鍵立場，包括：攻擊「富人利益」；支持農民；與提倡銀本位制。

同樣地，你可以使用逗號區隔非限定的字詞與片語，前提是你可以用逗號取代「而」，並且還能維持一個合理的句子：

　　　拉爾夫・沃爾多・愛默生是一名高大、纖細而優雅的男子。

---

* 　譯註：在中文的狀況下，使用的是頓號，不是逗號。

在這個例子裡，你可以改寫成「拉爾夫‧沃爾多‧愛默生是一名高大而纖細而優雅的男子。」然而，在不能合理地以逗號取代「而」的狀況下，就不能以逗號區隔形容詞。你可以說：

> 這三棵老楓樹矗立在山丘上。

但你「不可以」說：

> 這三棵而老而楓的樹矗立在山丘上。

謹慎呈現引文並加上標點符號

當你在論文中使用引文時，應該特別注意自己對標點符號的使用，此外也要留意字母的大小寫。如果引文與你論文的內文混合在一起，那麼你必須調整字母的大小寫與標點符號，使引文與你的句子一致。

> 吉卜林驅策美國人「挑起白人的負擔」。

你不需要使用夾注號來指出你做了這些改動，你也不需要在引文的開始或結尾使用刪節號（三個句點，如……；有些文書處理程式會自動插入刪節號，不過間距較小，如……）。引號足以指出引文的開始與

結尾。然而，你「應該」以刪節號來指明你在引文中省略的任何文字；但是，如果被刪除的資料包括句號，你應該使用四點的刪節號。[*]

逗號與句號，無論它們位於原文的哪個部分，或者你在使用引文時將它們插入內文成為你句子的一部分，都應該放在引號「之內」。這可以讓你的寫作在讀者面前顯得更清楚，而這正是你寫作的主要目標。然而，引文末尾的問號只有在引文本身也是疑問句時才需要放在最終的引號內。如果你使用的引文是你想提出的疑問句之一部分，那麼問號就應該放在引號之外。驚嘆號的處理也是一樣。分號與冒號總是放在最終的引號之外，不管它們是否屬於引文的一部分。

在你的論文中，長度超過四到五行的引文應該縮排五個字元間距，並且在內文建立一個區塊。區塊引文的文字採取雙倍行距，不用加上引號。區塊引文唯一需要使用的引號就是在引文中原本就有的引號。你的指導老師也許希望你以單倍行距的形式來顯示區塊引文，因為你的論文通常不是為了出版而寫。然而，由於編輯單倍行距的文本比較費神，所以你要是打算出版的話，最好還是以雙倍行距處理資料。在本書中，我們對於其他史家作品的引用方式可以做為一種模式，你可以依照這個模式在自己的論文中引用史料。

---

[*] 譯註：在中文的狀況下，此時應標示成六點的刪節號（因為中文的刪節號是六點而非如英文是三點），然後加上句號，如「……。」。

最後呈現

　　無論你如何勤勉發展適當的寫作特色與尋覓一貫的風格，你的論文問世——無論是電子版本還是書面版本——將告訴讀者身為寫作者的你的各項特質。潦草而難以閱讀的版本，顯示寫作者不在乎主題也不在意讀者。身為寫作者，你應該非常在意自己的作品；確保你的讀者能從你呈現給他們的最終版本看出你的用心。電腦帶給寫作者與讀者許多便利，今日絕大多數的寫作者與學生均使用電腦上的文書處理程式。善用電腦功能並且創作出清爽怡人的論文作品。

　　使用你的文書處理程式，特別注意要去除排版錯誤、拼字錯誤、遺漏或重複的字詞，以及諸如此類的錯誤。還要留意你的論文頁碼，即使你只打算呈交電子版本。每一種文書處理程式都能處理頁碼；了解程式處理頁碼的步驟，運用這些步驟為你的論文標上頁碼。你的指導老師可能會要求你以其他特定格式呈現論文。遵循老師的指示。如果缺乏指示，你可以遵循本書〈附錄一〉的研究論文範本格式，通常不會出錯。一旦你完成最後的修改與格式編排，就可以儲存你的論文的最終版本——一定要保留數份複本，不能將所有的複本都存在你的電腦裡！

　　如果必須繳交論文的書面版本，一旦儲存的是電子檔，你就能列印出乾淨漂亮的複本。再一次，遵循你得到的任何指示；但如果缺乏指示，以下有一些建議。使用優質八・五英吋乘十一英吋的白色銅版紙。論文採取雙倍行距，只單面列印。留下足夠的頁邊空白供指導老師書寫評語，頂部、底部與兩邊都不要少於一英吋。使用 Time New

Roman、Bookman Old Style、Courier 或其他清晰易讀的字體，要確定印表機的墨水夠黑，印出來的字要清楚易讀。如果你非如此不可，如果你的指導老師願意接受手寫稿，那麼你應該使用有標線的白紙，以深藍色或黑色墨水順著每一行書寫。製作封面，寫上你的姓名、指導老師的姓名、課程名稱與上課時間。以迴紋針或釘書針在左上角固定你的論文。然而，活頁夾幾乎總讓指導老師感到礙手礙腳，不僅增加體積，也增加了在頁邊空白書寫評語的困難。使用活頁夾很少帶來好處。*

　　論文呈現——無論是電子檔還是書面——是你遵循史家慣例的最後一項，也是最明顯的步驟，但它卻是你的指導老師對你的論文產生的第一印象！抓住這個機會。但要記住，如果你忽視了慣例，將會發現你得到的分數遠低於你的預期。

寫作者的表達與慣例的檢查清單

＿＿＿＿✓　我的敘事必須包含什麼？我該去除什麼？

＿＿＿＿✓　我的敘述是否立基於健全的證據？

＿＿＿＿✓　我的敘述是否將感官經驗帶入心靈之中？

＿＿＿＿✓　我的推論是否可信而解釋是否清楚？

＿＿＿＿✓　我的論證是否具有說服力？

---

* 譯註：由於這是西式的做法，在此附上臺灣大學教務處提供的碩博士學位論文格式規範，雖不能說是臺灣學界公定的標準，但至少提供了某種可遵循的範例。網站的網址是 http://gra103. aca.ntu.edu.tw/gra2007/gra/tienn/學位考試表冊/THESISSAMPLE.DOC。或者是連到臺灣大學首頁，點選常見詢答，再點選國內碩博士班相關，最後點選論文格式範本。

_____ √　我的段落是否前後一致，句子是否易於處理？

_____ √　我的寫作是否使用較多的主動語態與過去時態？

_____ √　我的結論是否呼應了起始的論點？

_____ √　我是否注意適當地使用字詞？

_____ √　標點符號的使用是否符合慣例？

_____ √　引文是否清楚而適當地區隔出來？

第六章　引用史料

　　當你寫作歷史（或任何其他需要研究的主題）時，必須引用文獻，使讀者能查證你使用的史料。事實上，寫作歷史總是在寫作史料。你的讀者可能想檢視證據，確定你是否精確地引用與健全地詮釋史料。史家也使用他們閱讀的書籍與文章中引用的文獻，以協助他們進行研究。

　　當你使用從史料蒐集來的資訊時，應該告訴你的讀者，你是在何處找到這些引文或資訊。當你確切地引用史料文字時，必須將這些文字括上引號或使用獨立引文，讓讀者知道這些文字是出自另一位作者，並且標明這段引文的史料出處。如果你概述或改寫一段史料，要讓讀者知道你做了這些工作，否則你便有抄襲的嫌疑；記住，抄襲是寫作者不可饒恕的罪過。在篇幅超過二到三頁的典型歷史論文中，必須標示出處的觀念與被改寫的資訊，往往比直接引文多。

　　有些格式手冊提供了引用格式（包括腳註與尾註）的建議。然而，史家習慣使用的是《芝加哥格式手冊》，現在已出到第十五版。[1]每一屆學生也會使用凱特‧圖拉賓的《芝加哥大學寫作手冊》，[2]這是一本便利攜帶的平裝書，是包羅萬象的《芝加哥格式手冊》的精簡版。除了格式慣例的建議外，兩本書都提供註釋引用與書目的細節（此外還有插入引用與相關參考文獻清單的建議，經常受到使用，而且也經常推薦給其他學科的學生）。由於《芝加哥格式手

1. *The Chicago Manual of Style*, 15th ed. (Chicago: University of Chicago Press, 2003).
2. Kate L. Turabian, *A Manual for Writers of Term Papers, Theses, and Dissertations*, 7th ed., rev. by Wayne C. Booth, Gregory G. Colomb, and Joseph M. Williams (Chicago: University of Chicago Press, 2007).

冊》（以及圖拉賓的作品）概述的註釋引用與書目的格式最受史家廣
泛使用，所以我們採用它的基本格式做爲引用史料的基本指南。除非
你得到完全相反的特定指示，否則我們還是勸你依照相同的格式。

在本章末尾，我們包含了「寫作者的史料引用檢查清單」，提供
使用註釋與書目格式的引用樣本。當然，在本書中我們只提供最常用
的史料引用類型的例子。圖拉賓的手冊篇幅大於本書，如前所述，她
的手冊只是更大部頭的《芝加哥格式手冊》的節略本。這兩本書包含
更多史料類型的引用例子，你應該查閱它們以獲取更多建議。它們的
例子應該也能幫助你在寫作論文時充分而適當地引用其他史料。好消
息是，根據常識以及對精確與一貫加以留意，就可以解決許多問題，
使你能忠實引導讀者找到你使用的史料，無論這些史料是什麼。

基本原則

無論你該使用的是哪種引用格式，它都必須引導讀者精確地掌握
你的論文引用、摘要或當成證據的資料出自何處。你必須特別留意一
些細節，而且確定這些細節被仔細而一貫地呈現在你的引用中。閱讀
〈附錄一〉桑能伯格討論昭昭天命的論文；注意她使用的引用形式。
雖然有些史料在正文中已經提及，但絕大部分她還是會在論文裡以腳
註引用。註釋也可以放在文末做爲尾註。有些機構與個別的老師，以
及書籍與期刊出版者，基於不同的理由，在這兩種註釋中選擇其一。
從寫作者的觀點來看，現代文書處理程式無論面對的是腳註還是尾註

的格式與位置，都能輕鬆處理，而且也能在兩種形式間任意進行變更。如果你不確定要使用哪一種，問你的指導老師。根據我們自己的經驗（身為學生與學院成員），絕大多數的指導老師只要求學生做到前後一致。

當你為了自己的論文而從史料中尋找與紀錄註釋時，有些基本原則是你應該記住的；你也可以運用以下四項基本原則來協助你決定引用的資料要包含什麼資訊。

作者

需要考慮的第一項原則是作者。誰創作了這部作品？只有一名作者，還是有數名作者？有多名作者需要表列時一定要適當處理，特別是在書目裡。有時書籍可能有一名編輯，而這名編輯又被認為是該書的主要作者。對於這樣的作品，書目的條目看起來會非常類似於一般作者的書籍，如果在註釋裡，則看起來會類似於論文集的引用方式。在書目中，相同作者或相同作者群的第二部作品，要以長度約六個字元的破折號（或底線）來取代作者姓名；你可以翻閱本書末尾的「精選的學生資源書目」，從例子中了解做法。

很少有史料會有數名作者，而且全都是基本創作者與呈現者。最常出現的狀況是，這些人都是主要作者之外的編輯或譯者；他們的姓名會被明顯地標示出來，通常位於書籍的標題頁與出版文章的開頭（偶爾位於結尾）。近年來，一些書籍——尤其是教科書——可能在相同頁面上列了一長串製作者的感謝清單，包括出版資料，本書就是

如此。這類頁面提到的編輯，在引用時不能列爲作品編輯。如果未提
及史料的作者姓名，或史料被認定是佚名作品，那麼你的引用應從史
料標題開始。

　　有些作者問題會令人感到困惑。例如，書評把評論者當成書籍
的主要作者；雖然受評作品的作者也應該提及。在個人往來的信件
中，例如書信或電子郵件，應先列出寫信者，不過收信者通常也該一
併列出。訪談稍微複雜一點，因爲受訪者與訪談者均是訪談的直接創
造者。不過，受訪者通常被認爲是關鍵資訊（至少就歷史研究來說）
的提供者，所以應先列出他們的姓名；不過訪談者的姓名也該一併列
出，如果知道的話。

標題

　　引用的第二項基本元素是標題。史料叫什麼？以期刊或報紙文
章爲例，會出現一個以上的標題。書籍或小冊子的全名應用斜體字表
示。同樣地，期刊（學術期刊、雜誌或報紙）的標題也應用斜體字表
示。斜體字標題也可用在電影、繪畫、雕刻與劇作上。但短詩或演說
的標題則應使用引號，期刊、雜誌、報紙或書籍形式的論文集裡的文
章標題亦然。少數史料類型（如訪談、書信與手稿）只需以標準字體
表示，毋需引號。網站名稱亦然，它不屬於書籍或文章標題；不過，
網站上的原創論文可以當成文章並且括上引號。

出處

引用的主要目的是讓其他人可以找到相同的作品。因此，引用的第三項重要元素是你的資訊出處。以書籍來說，出處指出版地與出版者。以學術期刊來說，你需要列出卷數，有時還包括期數（如果期刊個別地為每期編碼）以及適當的頁碼。報紙會區隔成幾個版面，你需要在引用時標出版面代號。網站與其他電子資訊來源即使資料龐大，通常也不會為版面或頁數編碼。在這種情狀下，你需要使用個別的網址讓讀者直接連上你找到的資訊。有時你希望指出你是以什麼搜尋詞彙在特定電子檔案中找到特定資訊（我們稍後在本章進一步介紹電子史料的引用）。至於手稿，你需要指出收藏名稱與可以找到手稿的收藏室，以及收藏室或檔案館使用的任何能更進一步辨識出處的資訊。

日期

需要考慮的最後一項元素是史料日期。以書籍為例，日期是出版年分；以期刊來說，日期是出版年分（或許還有月分）加上卷數。報紙與雜誌的引用通常只有日期，沒有卷數與期數。以網站來說，應該包含特定史料的建立日期；如果唯一可得的日期是最近修改的日期，那麼應該引用修改日期，而且如實指出史料已經過修改。許多優質而聲譽卓著的網站會在首頁詳細載明這些資訊；在其他的例子裡，你可能需要從你的瀏覽器觀察史料資訊並且判別資訊的日期。如果上面沒有記載日期，你應該標記 n. d.，亦即無日期。有鑑於網址的變動性（其實網站也是如此），許多學者認為應該增補連上網路資料的日

期，包括以插入引用表示。這種做法並非舉世皆然；事實上，最近第
十五版的《芝加哥格式手冊》就認為這種做法不符慣例，因此不予推
薦。我們對此不表認同，我們認為你在自己的研究中翔實記錄網路資
訊的出處，你的指導老師將對此感到激賞。

再引的簡化形式年

當我們初次開展史家事業時，寫作者普遍使用拉丁文縮寫來再
次引用已經引用過的史料。然而這種習慣已逐漸從學術寫作中消失。
《芝加哥格式手冊》與圖拉賓的節略指南，這兩本書的最新版本都建
議不要採用這種做法。它們還建議，ibid（拉丁文 ibidem 的縮寫，意
思是指「在同一個地方」）只適合在有限的例子中使用。然而，文書
處理程式越來越普及，文本（以及伴隨文本的註釋）藉由電子檔的形
式可以更輕易地移動，但這甚至造成更多問題。我們太常發現作者從
論文的一處轉移到另一處的註釋，無法輕易連結上它們原本註解的文
句。因此，我們建議再引時要有專屬的簡化形式，而我們在本章末尾
的「寫作者清單」提供了例子。

這種簡化形式既能讓作者輕鬆管理，又能讓讀者輕鬆辨識。在
編排經過簡化的參考文獻時，你應該使用作者（或作者們）的姓，而
且應該在再引時去除譯者與／或編者的姓名。如果你在論文中只使用
相同作者（們）的一部作品，那麼再引時只需要提示適當的卷數與頁
碼。然而，如果你使用相同作者一本以上的作品，那麼你也需要使用
簡化的標題，當然你必須維持原標題的字詞順序。然而，對於只有三

到四個字的標題，你只需要去除最初的冠詞（a、an 或 the）與使用整個標題。偶爾，當只有一名作者的一件作品被引用時，在作者姓名外使用簡化的標題或適當可辨識的片語也有用處。這類例子包括訪談、書信、藝術品的引用以及（如你在本書第五章所看到的）當再引與初引（通常只有在書籍、學位論文或非常長篇的隨筆中看到）隔得非常遠時。

　　使用本章末尾「寫作者清單」的樣本引用，將其當成指導方針，不只針對我們討論的情況，還可以做為其他史料類型的範本——記住引用史料的基本原則。如果你想確定自己是否遵循了通常的史學慣例，以及是否將這些慣例清楚傳達給讀者，可以將自己的引用與圖拉賓或《芝加哥格式手冊》做個比較。

電子資料來源

　　近年來，以電子格式取得的一手與二手史料大量增加，史家對此越來越感到關注。就一些例子來說，這些史料只是書面（有些例子是手稿）資料的數位版本。此時，你應該先引用原初版本，然後指出你是在網路上或以其他電子形式找到這些資料。與絕大多數史家一樣，我們建議當你要在史料的書面形式或電子版本間做選擇時，應該選擇書面版本。特別是選擇書面版本時，你引用史料所遭遇的困難通常會比較少。然而，有許多史料你只能透過電子格式使用，因此，學習如何在論文中充分而完整地引用這類資料也是件要緊的事。

　　《芝加哥格式手冊》第十五版首次在電子史料的引用上做出許多建議。同時，該書也「期望一個更簡單與更可靠的電子史料引用方式……提供史料永久的識別碼，以及使用識別碼來引用史料的方法」。[3]本書這個版本提出的絕大多數引用電子史料的建議，都是屬於暫時性的建議，而且大部分都遵循《芝加哥格式手冊》與圖拉賓新版作品的說法。如果我們的忠告與它們有歧異之處，我們會試著清楚解釋我們的建議。我們發現許多其他電子引用指南要不是以其他較不為史家熟悉的格式手冊為基礎，就是以偏重電子科技議題而非歷史寫作關切為原則。其中一個例外是莫里斯・克魯斯教授的作品，他的解釋不像我們一樣緊密遵循新版《芝加哥格式手冊》。[4]在歷史社群對引用電子史料的慣例達成較為一般性的看法之前，我們勸你徵詢你的指導老師的看法，並且持續遵守我們的建議或克魯斯教授的忠告。

　　我們發現，對於那些想提出固定文獻來源的人來說，網路的確構成了特殊問題（網路文獻通常不永久，而且會週期性地改動）。然而，歷代史家與人文學者在引用史料上一直遭遇類似的問題。例如，由收信者家人保有的私人書信，或作者自己製作的複本，長久以來構成了引用的困難，這些作品性質上就像個人的電子郵件，或就這方面來說，類似網路上的資料。而消失的史料——類似於顯未收藏於任何公共收藏室的長久絕版書，或慘遭祝融肆虐的圖書館與檔案館——也

---

3. *Chicago Manual of Style*, 646.
4. Maurice Crouse, "Citing Electronic Information in History Papers" (13 May 2008) http://history.memphis.edu/mcrouse/elcite.html (accessed 27 October 2008).

是使用這類資料（讀者無法找到這些資料）的寫作者關切的問題。然而，引用內容若能記下在網上獲取資料的日期，則可以提供某種保證，說明你的確仔細尋找過電子資料，而這些資料後來卻在網路上消失了。

　　沒有任何一種引用方法可以克服這類困難，為此，有人呼籲要以遠見來計畫網站、要仔細解釋、要建立可能改動的網路資料連結，以及接受數位物件識別碼（類似國際標準書號），例如芝加哥大學出版社所支持的。此外，電子資料的引用問題是目前真實存在的現象。雖然史家應該關心這類問題並且努力尋求解決之道，但身為寫作者的你現在無法解決這些問題。所以，繼續前進，將我們介紹的基本引用原則牢記在心，盡可能清楚而完整地引用。

　　在網路使用上，歷史寫作者應該遵守一些慣例。過去我們建議以尖括號（〈〉）括入網址或電子郵件地址；然而這類括號的使用會在一些（並非全部）電子程式語言上造成引用的問題。因此，我們建議你將網址與電子郵件地址以正常字體呈現，毋需任何括號或夾注號，也不用更動你看到的標點符號。儘管如此，有些文書處理程式的基本設定是以論文的電子版本為優先，因此會自動在你的螢幕上將網址與電子郵件地址轉換成超連結。通常這些超連結帶有底線，而且以有色字體表示，如果你列印檔案，這些超連結也能重製。如果你打算製作書面版本的論文，我們建議你移除這些超連結。你可以將游標移到連結上，使用鍵盤的方向鍵，然後使用文書處理的編輯功能來移除超連結。或者你可以按下滑鼠右鍵來進行移除。

　　如果可能的話，標準的網際網路做法也以獨立分行的方式來表示

網址。但在書面引用上，通常比較好的做法是讓網址從一行延續到另一行。這麼做的時候，我們建議遵照《芝加哥格式手冊》的忠告，在行末打上雙斜線或單斜線，但在書面文本的下一行則要打上其他的標點符號，如句號、逗號、連字號、底線、變音符號、等號或其他類似的記號。此外盡可能留意，要讓隨後的標點符號與引用的網址分開，因為這些標點符號不是網址的一部分。

即使是這項建議也無法解決複雜網址的問題，這類網址會在你使用一些搜尋工具時產生。產生的這些電子網址通常在引用上難以處理，甚至有時無法做為超連結使用，讀者因而無法連上相同的網站。你會發現一些優質的資料庫（如 JSTOR）產生的穩定網址不方便引用，即使這些網址可以獨立地做為資料的出處來源。不過在 Project Muse、JSTOR 與類似的全文資料庫裡，你找到的資料出處原本是來自書面史料，例如學術期刊。因此，最好的做法是使用原本從期刊得到的引用資訊，然後在後面加註如下：（讀取自 JSTOR）。

其他的搜尋工具，例如被設計用來在大型廣泛的網站「內部」搜尋資訊的工具，會呈現不同的問題。舉例來說，在主要 H-Net 網站上使用搜尋工具尋找倫敦中央刑事法院線上檔案（又稱老貝利線上檔案庫）的資訊出處，卻會在包含數位資源的 H-Net 討論日誌中找到訊息。這些訊息之一，由戴夫·費勒史東於二〇〇三年三月貼文於 H-Atlantic 討論區，可以在以下網址找到：http://h-net.msu.edu/cgi-bin/logbrowse.pl?trx=vx&list=h-atlantic&month=0303&week=c&msg=kNjii8wX74ykTVNHLzS/AQ&user=&pw=。在這個例子裡，搜尋產生的網址可以獨立使用找

到文獻，但以書面呈現時顯然十分不便。對此，《芝加哥格式手冊》第十五版沒有提供清楚的指示。

　　然而，這裡有個非常簡單的解決方式，它跟使用書面史料時遭遇的類似狀況有異曲同工之妙。這裡牽涉到使用縮寫 s. v.（拉丁文 sub verbo，「在該字之下」）來引用標準參考書（如百科全書與字典）的問題，而這些參考書通常依照字母順序組織成個別條目。要在剛剛提過的電子引用中這麼做，就要連上包含搜尋功能的網站主網址，然後指示讀者在這個內部搜尋工具中鍵入「Old Bailey online」，就能發現特定的訊息：

　　Dave Featherstone, "Proceedings of Old Bailey Online," message to H-Atlantic, 15 March 2003, in H-Net: Humanities and Social Sciences Online, www.h-net.org, s. v. "Old Bailey online" (accessed 22 June 2008).

　　《芝加哥格式手冊》與圖拉賓的作品認為這種使用 s. v. 的引用只能放在註釋而不能放在書目裡。但我們相信，運用電子史料時（雖然「不」包括書面百科全書與辭典），即使是在書目（如果必要的話）使用這種引用格式，也能讓寫作者適當解決引用現代電子史料時所遭遇到的困難。

　　提醒一句：如果是從雅虎、谷歌或 Alta Vista 這類網路搜尋引擎找到的資料，我們「不」建議你採取這種引用形式。這些搜尋工具使你連往個別網站，你必須分別地加以引用。引用搜尋引擎本身，如同

引用一本書時只提到圖書館目錄（你第一次找到參考文獻的地方）！
你只能在特定網站首頁——包含你的論文使用過的資料，無論這些
資料是使用網站搜尋工具找到的，還是使用你的網路瀏覽器的編輯
功能「（在網頁上）找到的」——進行電子搜尋時才能使用 s. v.（或
s. vv.，用在複數搜尋辭彙上）。

　　電子郵件與 listserv 信息的引用也是個問題，即使這些資料與已
經建立慣例的類似史料引用有著相似之處。寫信者顯然是作者，不過
收到信息的人或團體也應該連同通信日期加以指明。許多 listserv 的
信息可以在某種形式的公共電子檔案庫中取得。若是如此，你應該在
你的引用中記錄獲取資料的過程；如果沒有檔案庫，引用應該以獲取
資料的日期做爲結尾。由於絕大多數研究者無法獲取電子檔案庫中
許多 listserv 與電子郵件信息，所以有些史家避免將這些信息當成史
料。然而，正如史家有時希望引用他們收到的私人信件資訊，因此你
會需要引用這類位於電子郵件列表或私人電郵中未被保存於檔案庫裡
的信息，對你的論文來說，這些可能是珍貴的史料。有些史家堅持列
出寫信者的電子郵件地址以做爲證明資訊的手段，不過你不能在未經
對方允許下這麼做。

　　儘管有我們提及的這些問題，我們仍然自信地認爲解決網路與其
他電子格式的資料引用問題是可能的。因爲缺乏標準的引用慣例而避
開這些史料是不必要的，事實上也是不恰當的。如果遇到這類問題，
你可以請教你的指導老師或參考室館員該怎麼處理。你可以把本章末
尾「寫作者清單」的引用樣本當成指引，來決定如何引用寫作論文時
查閱的所有資料。如果還有問題，你可以寫信給梅爾文・佩吉，電子

郵件地址是 pagem@etsu.edu。提出問題，他會試著提供最佳的解決
建議。

註釋與書目

　　歷史寫作引用史料的傳統形式，長久以來一直是註釋與書目。
雖然兩者本質上是以類似方式提供相同資訊，卻有著不同功能。註釋
不管被呈現為腳註（引用資訊置於每頁下緣）還是尾註（位於論文末
尾，排在書目之前），書寫方式都一樣。當然，每個註釋之前應有數
字，以指明你在論文中引用史料的位置。這些數字同時出現在本文與
每條註釋的起始處，數字最好標示在右上角，透過文書處理程式很容
易做到這點。註釋的資訊引用格式多年來不斷演變，本書與《芝加哥
格式手冊》呈現的格式已成為史家的慣例標準。每條註釋一開始應該
縮排，如此可容易與本文區別。

　　註釋的格式目的是為了快速與容易閱讀，特別是本文頁的下
緣，但在論文或書籍末尾以清單形式呈現也有一覽無遺的效果。讀者
想知道作者的故事是否為真。要取信讀者，你必須清楚顯示你用來支
持陳述的證據，並且直接將資訊連結上你寫的內容。史家以註釋來達
成這個目的，你也應該這麼做。註釋也協助讀者（如果他們有這種需
要）搜尋他們閱讀的相同特定的資訊。同樣地，當你準備寫作論文
時，也可以從你的史料中找到能夠運用的註釋。

　　另一方面，書目較為正式。書目的引用資訊與註釋大致相同，但

書目是按作者姓的字母順序排列，標點符號也略有不同。對於相同作者的第二部作品，使用六個字元的破折號（或底線）來取代姓名；本書末尾的「精選的學生資源書目」提供了如何取代姓名的例子。如果沒有作者，書目引用就以標題開始，並且與其他條目一起依字母順序排列。根據《芝加哥格式手冊》的格式，書目條目的出版資訊不用括上夾注號；條目的各部分以句號加以分隔。印刷書籍或期刊中的文章與其他史料的條目包含頁碼。然而，期刊日期置於夾注號內比較能做出區別，不過不包括報紙與雜誌。每項書目條目使用「凸排」系統分隔，這可以利用文書處理程式輕鬆做到。

　　書目置於論文或書籍末尾，使讀者快速看到哪些作品被作者引用或查閱。書目顯示作者是否搜尋了廣泛的史料，以及作者是否知道研究領域最新的文獻。不過，有些個別文獻一般並不包括在書目中，即使你可能在註釋中引用過它們；在本章末尾的「寫作者清單」中有幾項這類引用的樣本。如果你有問題，一定要請教指導老師你的書目該包括什麼；有時只有論文引用的史料才需要如此，但通常一份完整的被查閱過的資料清單會比較恰當。有時為了讓研究更清楚，你會被要求製作一份註解書目，包括對書籍、文章或其他史料內容的短評。如果被要求製作註解書目，你的評論要分行開始，註解本文的第一行應縮排。本書末尾的「精選的學生資源書目」可以做為你註解書目的範本。

寫作者的史料引用檢查清單

　　在你的歷史寫作中使用這些引用樣本，對照你使用的史料類型與下列類別，然後選擇書目（以 B 表示）或註釋（以 N 表示）格式；後者也包括再引的樣本。這些樣本代表你可能遇到的最常見史料類型的一些引用方式。我們的建議依循圖拉賓、圖拉賓的後繼者與《芝加哥格式手冊》的編輯群的指示；我們已在本章討論過我們對他們的推薦做了些微的調整。

book (single author)

B　　　Bentley, Jerry H. *Old World Encounters*. New York and Oxford: Oxford University Press, 1963.

N　　　[1]Jerry H. Bentley, *Old World Encounters* (New York and Oxford: Oxford University Press, 1963), 183.

　　　　[2]Bentley, 185.

book (two authors)

B　　　Engerman, Stanley L., and Robert W. Fogel. Time on Cross: The *Economics of American Negro Slavery*. New York: Norton, 1989.

N　　　[1]Stanley L. Engerman and Robert W. Fogel, *Time on the Cross: The Economics of American Negro Slavery* (New York: Norton, 1989), 206.

　　　　[2]Engerman and Fogel, 208.

book (multiple authors)

B   Muzuli, Bakili, Yusuf M. Juwayeyi, Mercy Makhambera, and Desmond D. Phiri. *Democracy with a Price: The History of Malawi since 1900*. Blantyre, Malawi: Jhango Heinemann, 1999.

N   [1]Bakili Muluzi, et al., *Democracy with a Price: The History of Malawi Since 1900* (Blantyre, Malawi: Jhango Heinemann, 1999), 17.
[2]Muluzi, 19.

book (subsequent edition)

B   Thornton, John. *Africa and Africans in the Making of the Atlantic World, 1400-1800*, 2d ed. Cambridge and New York: Cambridge University Press, 1998.

N   [1]John Thornton, *Africa and Africans in the Making of the Atlantic World, 1400-1800*, 2d ed. (Cambridge and New York: Cambridge University Press, 1998), 157.
[2]Thornton, 159.

book (reprint edition)

B   Washington, Booker T. *The Future of the American Negro*. n.p.: Small, Maynard & Co., 1899. Reprint, New York: New American Library, 1969.

N   [1]Booker T. Washington, *The Future of the American Negro* (n.p.:

Small, Maynard & Co., 1899; reprint, New York: New American Library, 1969), 17 (page citations are to the reprint edition).

[2]Washington, 26.

book (editor as author)

B   Hilliard, Constance B., ed. *Intellectual Traditions of Pre-Colonial Africa*. Boston: McGraw-Hill, 1998.

N   [1]Constance B. Hilliard, ed., *Intellectual Traditions of Pre-Colonial Africa*. Boston: McGraw-Hill, 1998), 4.

[2]Hilliard, 10.

book (author/editor unnamed)

B   *Culture and Time.* Paris: The Unesco Press, 1976.

N   [1]*Culture and Time* (Paris: The Unesco Press, 1976), 7.

[2]*Culture and Time*, 9.

book (edited or translated)

B   Luther, Martin. *Lectures on Romans*. Edited and translated by Wilhelm Pauck. Philaelphia: Westminster Press, 1961.

N   [1]Martin Luther, *Lectures on Romans*. Ed. and trans. Wilhelm Pauck (Philadelphia: Westminster Press, 1961), 101.

[2]Luther, 76.

book in a series

B   Post, Robert C. *Technology, Transport, and Travel in American History*. Historical Perspectives on Technology, Society, and Culture. Washington, DC: American Historical Association, 2003.

N   [1]Robert C. Post, *Technology, Transport, and Travel in American History*, Historical Perspectives on Technology, Society, and Culture (Washington, DC: American Historical Association, 2003), 53.
[2]Post, 54.

pamphlet

B   South Africa.Department of Education.*The South Africa History Project*. Pretoria: Department of Education, ca. 2001.

N   [1]South Africa, Department of Education, *The South African History Proect*, (Pretoria: Department of Education, ca. 2001), 2.
[2]*South Africa History Project*, 3.

article in a book of essays

B   Spiegel, Gabrielle. "History and postmodernism," In *The Postmodern History Reader*, ed. Keith Jenkins, 260-73. London and New York: Routledge, 1997.

N   [1]Gabrielle Spiegel, "History and postmodernism," in *The Postmodern History Reader*, ed. Keith Jenkins (London and New

York: Routledge, 1997), 261.

[2]Spiegel, 263.

article in a scholarly journal

B   Spooner, Denise S. "A New Perspective on the Dream: Midwestern Images of Southern California in the Post-World War II Decades," *California History* 76, no. 1 (Spring 1997): 45-57.

N   [1]Denise S. Spooner, "A New Perspective on the Dream: Midwestern Images of Southern California in the Post-World War II Decades," *California History* 76, no. 1 (Spring 1997): 45.

[2]Spooner, 48.

article in a popular magazine

B   McGlynn, Sean. "Violence and the Law in Medieval England," *History Today*, April 2008, 53-59.

N   [1]Sean McGlynn, "Violence and the Law in Medieval England," *History Today*, April 2008, 57.

[2]McGlynn, 54.

article in a popular magazine (author/editor unnamed)

B   "War Letters," *National Geographic*, November 2005, 78-95.

N   [1]"War Letters," *National Geographic*, November 2005, 92.

[2] "Letters," 89.

article in a newspaper

B   Sanger, David E. "Clinton Warns Japan: Fire Up Economy to Stem a Decline," *New York Times*, 4 April 1998, A1.

N   ¹David E. Sanger, "Clinton Warns Japan: Fire Up Economy to Stem a Decline," *New York Times*, 4 April 1998, A1.

    ²Sanger.

article in a newspaper (author unnamed)

B   "Science Jottings: Trench Fever," *The Illustrated London News*, 28 October 1916, 516.

N   ¹"Science Jottings: Trench Fever," *The Illustrated London News*, 28 October 1916, 516.

    2 "Trench Fever,"

reference work

B   Wiener, Philip P., ed. *Dictionary of the History of Ideas*. Five volumes. New York: Scribner's, 1973.

entry in a reference work

N   ¹*Dictionary of the History of Ideas*, s.v. "Historiography," by Herbert Butterfield, 465.

    ²Butterfield, 465.

entry in a reference work (author unnamed)

N [1]*Encyclopedia of World History*, s.vv. "computer, history of the,"
157.

[2]"History of the Computer," 158.

thesis or dissertation (unpublished)

B Vasconcellos, Colleen A. "'And a child shall lead them?': slavery,
childhood, and African cultural identity in Jamaica, 1750-1838."
PhD dissertation, Florida International University, 2004.

N [1]Colleen A. Vasconcellos, "'And a child shall lead them?': slavery,
childhood, and African cultural identity in Jamaica, 1750-1838"
(PhD dissertation, Florida International University, 2004), 72.

[2]Vasconcellos, 27.

thesis or dissertation (available online)

B Horton, Justin G. "The Second Lost Cause: Post-National
Confederate Imperialism in the Americas," MA thesis, East
Tennessee State University, 2007. http://libraries.etsu.edu/
record=b2113028 (accessed 4 June 2008).

N [1]Justin G. Horton, "The Second Lost Cause: Post-National
Confederate Imperialism in the Americas" (MA thesis, East
Tennessee State University, 2007), 43, http://libraries.etsu.edu/
record=b2113028 (accessed 4 June 2008), 26.

²Horton, 16.

archive collection

B   Bowman Family Collection. Accession No. 23, Archives of Appalachia, East Tennessee State University. Johnson City, TN.

archive document

N   ¹Benjamin Bowman, manuscript letter to Joseph Bowman, 24 July 1860, Bowman Family Collection, acc. No. 23, Archives of Appalachia, East Tennessee State University , Johnson City, TN.
²B. Bowman to J. Bowman, 24 July 1860.

book review

B   Ze'evi, Dror. Review of *Desiring Arabs*, by Joseph A. Massad. *The American Historical Review* 113 (2008): 1480-1481.

N   ¹Dror Ze'evi, review of *Desiring Arabs*, by Joseph A. Massad, *The American Historical Review* 113 (2008):1480.
²Ze'evi, review of Massad, 1481.

web site (discrete URL)

B   Miller, Joseph C. "History and Africa/Africa and History." 8 January 1999. http://www.ecu.edu/African/sersas/jmahapa.htm (accessed 4 June 2008).

N　[1]Joseph C. Miller, "History and Africa/Africa and History" (8 January 1999) http://www.ecu.edu/African/sersas/jmahapa.htm (accessed 4 June 2008).

　　[2]Miller.

web site (accessed through internal search)

B　Hoover, Irwin H. Memoir. 4 March 1913. In Library of Congress: American Memory, http://memory.loc.gov, s.v. "Irwin H. Hoover" (accessed 27 April 2005).

N　[1]Irwin H. Hoover, memoir, 4 March 1913, in Library of Congress: American Memory, http://memory.loc.gov/index.html s.v. "Irwin H. Hoover" (accessed 27 April 2005).

　　[2]Hoover.

unpublished paper

B　Rosenfeld, Gavriel D. "Alternate History and Memory," Paper presented at Annual meeting of American Historical Association, Philadelphia, 6 January 2006.

N　[1]Gavriel D. Rosenfeld, "Alternate History and Memory" (paer Presented at annual meeting of American Historical Association, Philadelphia, 6 January 2006).

　　[2]Rosenfeld.

motion picture (video/DVD)

B   *Breaker Morant*. Videocassette. Directed by Bruce Beresford. 1979. Burbank, CA: RCA/Columbia Pictures Home Video, 1985.

N   [1]*Breaker Morant*, videocassette, directed by Bruce Beresford (1979; Burbank, CA: RCA/Columbia Pictures Home Video, 1985). [2]*Breaker Morant*, 1985.

photograph

N   [1]Ken Geiger, "Stonehenge, weathered and broken," photograph, *National Geographic*, June 2008, 59.

         [2]Geiger, "Stonegenge" (photograph).

photograph (photographer unnamed)

N   [1]"An excellent example of a pack or artillery mule," photograph, in *Shavetails & Bell Sharpes: The History of the U. S. Army Mule*, by Emmett M. Essin (Lincoln: University of Nebraska Press, 1997), facing p. 85.

         [2]Photograph in Essin, facing p. 85.

work of art

N   [1]Jan van Eyck, *Giovanni Arnolfini and His Bride*, painting, as reproduced in Dennis Sherman, et al., *World Civilizations: Sources, Images, and Interpretations*, 3d ed. (New York: McGraw-

Hill, 2002), 1:231.

[2]van Eyck, *Giovanni Arnolfini and His Bride*.

interview

N   [1]Stambuli Likuleka, interview by Melvin E. Page, 17 August 1972.
[2]Likuleka interview.

message in internet discussion list/blog

N   [1]Richard Lobban, "REPLY: African Muslim Slaves in America," message to H-Africa, h-africa@msu.edu, 4 August 1995, archived at http://h-net.msu.edu/~africa/archives/august95.
[2]Lobban.

private letter

N   [1]George Shepperson, letter to author, 4 October 2004.
[2]Shepperson to author, 4 Oct 2004.

one source quoted in another

N   [1]Frank Dupuis, "A Nobody in a Forgotten Campaign," typescript (ca. 1972), privately held, quoted in Melvin E. Page, *The Chwaya War: Malawians and the First World War* (Boulder, CO: Westview Press, 2000), 109.
[2]Dupuis.

附錄一　樣本學生研究報告

　　接下來，你將看到一篇為世界史課程而寫的樣本研究報告，它使用本書概述的寫作過程（有時也呈現出桑能伯格小姐的個人經驗）。研究這份報告，然後思考這篇報告的問題，並且對你在歷史課堂上寫的任何論文提出類似的問題。

　　仔細留意報告的格式。注意標題頁、腳註與書目。標題頁包括報告標題、作者姓名、報告提交日期、課程名稱、上課時間與教授姓名。四邊的頁邊空白應設定不少於一英吋。「一定」要編製頁碼，但記住標題頁不用編碼，雖然它被視為報告的第一頁。

《昭昭天命：國家的性格》

學生：潘妮‧桑能伯格

東田納西州立大學

二○○三年三月二十日

歷史 4957：殖民主義與帝國主義

教授：梅爾文‧佩吉

星期一下午兩點～四點五十分

　　一個多世紀前，約翰‧歐蘇利文寫下「我們身負向大陸開展的昭昭天命」[1]，這段反思文字蘊含的擴張主義熱情吸引了全美國的關注，而這個觀念的本質已成為我們國家遺產的一部分。然而，最晚到了一九二〇年代，朱利厄斯‧普拉特在《美國歷史評論》中自信地宣稱歐蘇利文發明了這個詞。[2]如今，在歐蘇利文寫下這些著名文字的一個半世紀後，我們應能明顯看出，不只是美國具有這種熱情，在歐蘇利文發表戲劇性說法的當時，美國其實已是深植於西部傳統而具有完整國家性格的國家。

　　在《美國歷史上的理想力量》中，以法蓮‧亞當斯認為，「昭昭天命」的概念幾乎是每個國家的固有本質，因此反對昭昭天命是美國獨特特質的觀念。亞當斯進一步表示，「天命感是每個國家與每個民族均有的屬性。」他宣稱，如果我們深入探索信史以外的領域，則各部落與種族的獨特情感將提供「昭昭天命」的早期理解。或許我們將發現，這些部落與種族也覺得自己是「選民」，因某種崇高目的而自別於其他種族。[3]

　　亞當斯也暗示，任何偉大的國家都有自己的天命信仰；大國想獲得更多的土地，小國、自足的國家持續警戒以避免遭強鄰併吞。身

1. John L. O'Sullivan, "Annexation," *Democratic Review*, 17 (July and August 1845), quoted in *Manifest Destiny and the Imperialism Question*, ed. Charles L. Sanford (New York: John Wiley & Sons, 1974), 28.

2. Julius W. Pratt, "The Origin of 'Manifest Destiny,'" *The American Historical Review*, 32 (1927): 798.

3. Ephraim Douglas Adams, *The Power of Ideals in American History*, (New York: AMS Press, Inc. 1969), 67.

為史家，我們可以分析並說明早在一八四五年之前就長久存在的昭昭天命概念，而且不認為這種概念僅限於美國人。起源於殖民過去的美國，運用這種概念的本質，並將其置於更高的哲學層次。美國的民族主義擴張主義運動立基於道德意識形態，而且以固有本質的形態證明這項運動是一項自然權利。[4]

　　自然權利形成了歷史基礎，而這項歷史基礎後來成為昭昭天命運動周圍的解釋與基礎意識形態。基本上，自然權利被定義為任何由「自然」——受「『自然法』的神聖支持體系（包括道德真理）所承認——授予、先於或獨立於政治社會的權利」。這項觀念的起源可以回溯到希臘哲學家，他們認為自然權利是「先天上正確的事物，亦即，固有地、可以被每個理性存有承認確實如此的事物」。[5]之後，斯多葛哲學家與實際上的基本羅馬法信念都遵循相同推論，認為自然權利屬於自然法包含的諸種真理之一。厄尼斯特・巴克爵士在《禮儀的傳統》中表示，自然法觀念是希臘化時代斯多葛思想家之間的一場運動。這個龐大而略帶一般性的表達「成為人類禮儀的傳統，從柱廊的斯多葛導師持續演進到一七七六年美國獨立革命與一七八九年法國大革命」。[6]許多世紀以來，自然法觀念被直接當成教會神學的一部分，後來被天主教會採用，對教會導師與早期正典學者而言，它構成了教會教義的核心元素。這項邏輯形成自然與道德宇宙的理性基礎，

4. Albert K. Weincerg, *Manifest Destiny: A Study of Nationalist Expansionism in American History* (New York: Johns Hopkins Press, 1958), 12.
5. Weinberg, 13-14.
6. Ernest Barker, *Traditions of Civility* (Cambridge: Cambridge University Press, 1948), 312.

因此「自然法理論在十六世紀，並且持續到十七、十八世紀，成為自然法世俗學派哲學家聲言與闡述下的獨立與理性主義的體系」。[7]之後，基督教「把自然法視為上帝的永恆理性，並且藉由這種方式調和了異教觀念與基督教自身的神學」。因此，自然權利逐漸擁抱了西方傳統的兩項原則（世俗的與神聖的），並且為「日後被稱為民族主義的重大虛構之物」鋪路。這項強有力的肯定說法推促了以下的新興觀念：國家這個機構不僅最能促進特定群體的權利，也最能促進整體人類的權利。[8]對亞當斯來說，這種群體權利斷言的傾向證實了他的觀點：早期部落與種族使用崇高目的的概念，並且預示了早期的民族主義傾向。

以這項先驗條件為基礎，對這幾個觀念（通常被描述為民族主義、擴張主義、民族性、自然法與昭昭天命）之間的緊密關係的斷言，就有了堅實依據。早期歐洲歷史的政治、宗教與哲學說詞為這些關係建立基準。早期歐洲史家協助人們注意到這項連結。研究日耳曼民族的羅馬史家塔西佗在《日耳曼尼亞》描述筆下民族的特質。「日耳曼的部落，」他宣稱：「從未與外族通婚，因而未受汙染……他們似乎是一支獨特而純粹的種族，不同於任何種族，維持著自身的樣貌。」[9]這種傾向傳承給了大不列顛的早期居民，他們是日耳曼部落

---

7. Barker, 216.

8. Weinberg, 13-14.

9. Tacitus, *The Agricola and Germania*, trans. A. J. Church and W. J. Brodribb (London: Macmillan, 1877), in Medieval Source Book, ed. Paul Halsall, http://www.fordham.edu/halsall/source/tacitus1.thml, January 1996 (accessed 17 February 2003).

的後裔。威廉・坎登在《不列顛補遺》中語帶肯定地寫道:「他看到上帝的手指引盎格魯與撒克遜人來到英格蘭。」[10]當伊莉莎白時代的新英國國教會採納這個訊息的核心時,這個「選民」版本也成為英格蘭民眾意識形態的基石。

　　盎格魯撒克遜文獻與學術的重要護衛者大主教馬修・帕克,與他的祕書約翰・喬斯林,兩人著手探究諾曼人之前的英格蘭歷史。他們研究的目的不僅在於證明新英格蘭教會習慣的古老淵源,也在於推廣對盎格魯撒克遜時代英格蘭一般歷史的興趣。與帕克大主教同時代的約翰・佛克斯,在完成於一五六三年的《行誼與事蹟》中特別強調:「英格蘭人的獨特性與他們身為『選民』的本質,英格蘭教會的系譜可以回溯到亞利馬太的約瑟,傳聞他曾造訪英格蘭,而約翰・威克里夫則是宗教改革真正的創始者。」[11]經歷了英格蘭革命,特別是君主制復辟之後,「英格蘭民族是上帝意志實踐者的觀念已經衰頹」成英格蘭思想中的微小主題。但這種哲學的歷史根基仍繼續延伸,尤其被種植在英格蘭擴張主義的邊疆上。無怪乎「美國人從未喪失他們是特殊選民、是注定要讓世界變得更好的民族的信念」。[12]

　　英格蘭觀點中,盎格魯撒克遜人具有的優勢,成為美洲殖民地的一項固有特質。後宗教改革時期的歐陸作家加強了這種兩個世紀以來政治與宗教衝突所產生的迷思。「身為殖民地的英格蘭人,這些美洲

10.Quoted in Reginald Horsman, *Race and Manifest Destiny*, (Cambridge: Harvard University Press, 1981), 12.

11.Horsman, 10.

12.Horsman, 82.

殖民者充分吸收從一五三○到一七三○年發展的有關英格蘭過去的神祕觀點。」[13]殖民地殖民者並未局限於吸收一項觀點。他們也擁抱與受到新興民族主義哲學的啟發。在將民族主義予以體系化的過程中，十八世紀歐洲哲學家提供了這個時期的革命運動火花。在「文化民族主義的赫德、民主的盧梭、托利黨的波林布羅克與自由派的重農學者」身上看到的思想多樣性，被移植到美國殖民精神的自然權利領域上。這些哲學家的原型民族主義學說，基本上包含了自然權利觀念的兩項基礎的其中一項（通常是兩者兼具）。第一項原則認為，「群體有決定與組織其所希望的政府形式的自然權利」。第二項原則宣稱國家是一種「自然機構」，不僅能促進特定群體的權利，也能促進全人類的權利。[14]人們並不需要過度活躍的想像，就能輕易了解美洲殖民地的這項特質。

　　在《美國歷史上的昭昭天命與使命：一項再詮釋》中，弗雷德里克・莫克連結了民族主義與擴張主義。他斷言，擴張主義通常結合了意識形態。莫克對這項觀點的確認，引領人們通過早期的自然權利作品而抵達擴張主義的意識形態架構。他對擴張主義意識形態所做的廣泛而全球性的考察，具體而微地呈現在他對原因所做的結論上：「以阿拉伯擴張主義的例子來說，原因是伊斯蘭教；以西班牙擴張主義來說，是天主教；以拿破崙擴張主義來說，是革命自由主義；以俄國與中國擴張主義來說，是馬克思共產主義。」在美國，與這些意識形

13.Horsman, 15.
14.Weinberg, 13-14.

態等量齊觀的是昭昭天命，以及包括了共和主義、民主、宗教自由與盎格魯撒克遜主義所構成的主要成分。**15**載運殖民者橫越寬廣大西洋的思想船隻也改採「自然權利觀念做為美國擴張主義的道德原理」。在早期發展時期，新抵達的美國人傾向於強調自然法的權利而非義務。「自然權利概念的首次運用是經由新英格蘭教士主張教會獨立的權利而展開的。」一七六〇年，隨著美國人開始關注英格蘭統治下他們自己的政治權利，自然權利的概念也逐漸脫離宗教而進入到公共論壇。這場意識形態轉變初次達成的高峰，是獨立宣言涵蓋了一句「他們（美國人）的創造者將不可剝奪的自然權利授予給他們」，這句話確認了美國的「選民」信念。美國人「在世界列強之間」取得地位，「上帝的自然法與自然使他們有權利取得這個獨立而平等的地位。」美國人取得自然權利保護者的地位，於是他們有理由認為「當政府破壞自然權利時，他們有革命的權利」。**16**

　　美國獨立革命的結束授予了新國家權力，並使其走上昭昭天命的歷程。這樣一種對強大運動的全然擁護，使人產生了一種誤解，以為昭昭天命是美國獨有的特徵。早期的美國歷史充斥著這類例子，以昭昭天命為理由，四處以權宜的方式將達成目的的手段予以合理化。一八〇一年，傑佛遜運用外交與軍事壓力，引誘拿破崙與美國協商出售紐奧良及其東方一小塊海岸地帶。一八〇三年，令傑佛遜大為吃驚

15.Frederick Merk, *Manifest Destiny and Mission in American History*, A Reinterpretation (New York: Alfred A. Knopf, 1963), vii-ix.
16.Weinberg, 16.

的是，拿破崙竟然將廣大的路易斯安那屬地賣給美國。這讓傑佛遜了解自己的主要目標：擁有紐奧良，最終控制密西西比河河口，如此便能為新國家的內陸提供一個通往世界市場的迫切出口。**17**路易斯安那購地案的獲得也延續了美國的擴張主義運動。

　　這種擴張主義以一種全國心知肚明但從未明言的運動形式持續進行。早在一八一八年，安德魯·傑克遜根據自己對門羅總統指令的理解，率軍進入西班牙的屬地佛羅里達，將沿途遇到的印第安人予以毀滅；他把美國人的自然權利主張（擁有任何他們想擁有的土地）付諸實行。**18**進一步運用這項仍未明言的原則，把它當成美國的一項假定：美國的天命是成為世界強權。一八二二年，門羅主義（警告全歐不要介入西半球的事務）充分顯示門羅對這個觀念的信仰。門羅當然不是唯一具有這項信念的人，不過也有微弱的反對聲音，使得這項仍未命名的教條成為具爭議性的哲學。

　　反對運動暴露出身為「選民」的美國人不同的一面。一八三七年，在寫給亨利·克雷的信中，威廉·強寧——社會活動分子與美國一位論派運動領袖——提到，「我們是個不安的民族，傾向於侵略，對於尋常的進步法則感到不耐。」強寧擔心，這個國家以自然權利為藉口，從大洋到大洋擴張疆土時所感受到的力量，將會充滿可怕的後果。「我們誇言自己的快速成長，」他在給克雷的信中繼續表示：

17.David Goldfield, et al., *The American Journey, A History of the United States* (Upper Saddle River, New Jersey: Prentice Hall, 1998), 261.
18.Goldfield, et al., 277.

「忘記在整個自然界中，高尚的成長總是緩慢的……。我們已經受到自身的偉大所危害，我們若想繼續進展，則必將為自身的制度、團結、繁榮、美德與和平帶來迫切危險……。沒有任何命運可以合理化一個以搶奪為能事的國家，如同你無法合理化一個賭徒或強盜掠奪的行徑。」[19]然而，反對似乎只是讓教條擁護者更為變本加厲，而教條也在此時公開地浮上檯面。

　　當時美國民眾絕大多數的意見，似乎不只顯示在歐蘇利文一八四五年發表於《民主評論》的社論，也顯示在同年該期刊的另一篇文章。這篇文章也提到併吞德克薩斯的爭議，並且證明增加新州的合理性。「德克薩斯併入聯邦，這不可避免地實現了我們的人口不斷往西前進的一般法則。」歐蘇利文主張，德克薩斯「從墨西哥被分割出去是事理之所必然，它歸屬聯邦的過程完全具正當性，不僅不可避免，也是世界上最自然、最正確與最適當的事」。[20]這篇文章出現在這本特定的《評論》裡並不令人感到諷刺，因為相同的這本期刊最終為這個被人相信是美國人的權利的事物取了名稱，因此賦予其形式上的合理性：我們的昭昭天命。

　　美國霸權的先驅已經扮演，而歷史已經設定且加以創造，一切都在昭昭天命之名下進行。這是個經典例子，顯示教條如何與何時獲得名稱，之後又如何獲得正當性與最終的權力。透過上帝完成的唯心論

19.Quoted in Michael T. Lubragge, "Manifest Destiny: The Philosophy That Created a Nation," in From Revolution to Reconstruction, http://odur.let.rug.nl/~usa/E/manifest/nanifl.htm, updated 6 March 2003 (accessed 12 March 2003).

20.Quoted in Lubrage, "Manifest Destiny."

社會完美版本，與十九世紀中葉美國民族主義的驕傲，這兩者的結合滿足了美國支配整個西半球的意識形態需要，如門羅所暗示的。這終究立基於美國人擁有神佑的概念。強烈相信上帝要美國人擴張到整個大陸與終極地控制這個國家，這種信念引導出實現人類命運的指導使命。「這是白人的負擔，去征服並且傳布基督教」，如吉卜林於十九世紀末所預見的。他的說法擴大了清教「山上之城」的觀念，而且也被世俗化成為昭昭天命，儘管後者是個物質主義的、宗教的與烏托邦式的天命。[21]

　　這種信念終於引導出這樣的恐懼：穿越國界的外國人可能妨礙美國的安全。最合理的解決之道是征服國界以外的土地與擴展到其他地區。這點可以從艾伯特・貝佛里吉在美國參議院嶄露頭角明顯看出，他以極度的確信表示，「盎格魯撒克遜（美國）注定要統治世界。」他又說，「祂（上帝）讓我們成為組織世界的主人，為充滿混亂的地方建立體系。」[22]透過如此大膽的發言，貝佛里吉為美國的昭昭天命引進國際向度，他合理化一八六七年以七百二十萬美元向俄國購得阿拉斯加的決定。與先前向拿破崙購入路易斯安那相比，成為世界帝國的代價高了不少！確實如此，不只是價格，就連教條的傲慢也隨著美西戰爭後擴張主義的熱情增長而高漲不少。國會甚至一度要求併吞西班牙的所有屬地；當時的報紙更是極端，甚至建議併吞西班牙。

　　建立美利堅帝國的渴望反映在其他擴張主義者的觀點上，例如狄

21.Lubragge, "Manifest Destiny,"
22.Quoted in Lubragge, "Manifest Destiny."

奧多‧羅斯福、前總統哈里森與阿爾弗雷德‧馬漢上校。事實上，馬漢關於海權在國際事務上的重要性的論文尤其具影響力。這類聲音再次滿足了似乎無可饜足的欲望，表現在一八九八年美國決定控制並且併吞夏威夷上——看似奇怪，但與近一個世紀前傑克遜取得佛羅里達並無不同。美國對夏威夷群島的想像使命於一九五九年具體實現，美國將其納為第五十州。[23]

綜觀美國的歷史，美國人的雙元觀點——一方面，上帝的庇佑使國家進行擴張；另方面，基於自然權利向世界其他地區傳布自由（當然，這是我們的觀點）——似乎呈現出一種互補的現象。再一次，手段似乎終極而言合理化了目的。做為一個民族，我們擁抱一個未明言但並非未知的教條，並且使其成為我們自身的信條。一如我們過去的歷史，我們採用了概念、意識形態與政策——更改它們以適合我們的需要——然後將其應用於我們自己的國家。

雖然這段過程並非全然有害，但它阻礙我們將美國史視為世界的一部分與我們自身民族歷史的一環，來加以理解與檢視。當我們嘗試理解天命哲學與「選民」概念時，最大的好處是擴展我們的視野與聚焦於較廣泛的圖像上。這麼做的時候，我們可以理解美國並未創造出一套新的教條，而是僅僅修飾了可以回溯到早期「選民」的原則，以及美國人對自然權利與民族主義的個別觀點。這個哲學可以回溯到——如果不需要繼續上溯的話——希臘的斯多葛哲學。從這個角度

23.Lubragge, "Manifest Destiny."

來看,昭昭天命對所有為自己的國家與民族尋求崇高目的社會而言是
必要條件。這並非不可想像,因為,「所有值得稱述的國家,總是具
有與即將具有國家命運的理想,若非如此,它們很快就會消失,並且
走上與自身命運相稱的道路。」**24**

書目

Adams, Ephraim Douglass. *The Power of Ideals in American History*. New York: AMS Press, Inc. 1969.

Barker, Ernest. *Traditions of Civility*. Cambridge: Cambridge University Press, 1948.

Haynes, Sam W. "Manifest Destiny." In the U.S. Mexican War (1846-1848). http://www.pbs.org/kera//usmexicanwar/dialogues/prelude/manifest/d2heng.html. (Updated 6 August 1999; accessed 2 February 2003).

Horsman, Reginald. *Race and Manifest Destiny*. Cambridge: Harvard University Press. 1981.

LaFeber, Walter. "The World and the United States." *The American Historical Review 100* (October 1995): 1015-1033.

Long, A. A., ed. *Problems in Stoicism*. London: The Athlone Press. 1971.

Lubragge, Michael T. "Manifest Destiny: The Philosophy That Created a Nation." In From Revolution to Reconstruction. http://odur.let.rug.nl/~usa/

E/manifest.htm. (Updated 6 March 2003; accessed 30 April 2006).

Merk, Frederick. *Manifest destiny and Mission in American History, A Reinterpretation*. New York: Alfred A. Knopf, 1963.

O'Sullivan, John L. "Annexation." *Democratic Review* 17 (July and August 1845). In *Manifest Destiny and the Imperialism Question*, ed. Charles L. Sanford, 26-34. New York: John Wiley & Sons, 1974.

Pratt, Julius W. "The Origin of 'Manifest Destiny'." *The American Historical Review* 32 (1927): 798.

Sanford, Charles L., ed. Manifest *Destiny and the Imperialism Question*. New York: John Wiley & Sons, Inc. 1974.

Tacitus, Publius Cornelius. *The Agricola and Germania*, trans. A. J. Church and W. J. Brodribb. London: Macmillan, 1877. In Medieval Source Book, ed. Paul Halsall. http://ww.fordham.edu/halsall/source/tacitus1.html (January 1996; accessed 30 April 2006).

Webb, Walter Prescott. "The Frontier and the 400 Year Boom." In *The Turner Thesis concerning the Role of the Frontier in American History*, ed. George Rogers Clark, 87-95. Boston: D. C. Heath and Company. 1956.

Weinberg, Albert K. *Manifest Destiny: A Study of Nationalist Expansionism in American History*. New York: Johns Hopkins Press. 1958.

本篇報告需要注意的地方

本篇報告比較像是史學史論文，而不像是傳統的歷史報告。儘管如此，它仍呈現出一手史料、二手史料與作者為達成命題而做的詮釋：昭昭天命不是美國歷史獨有的現象。本篇報告不只是一堆史料拼湊而成的結果。寫作者思考了資料，而且做出協助解釋資料的詮釋。她的推論大多出自史料，而且將一些哲學家與史家的作品當成一手史料而進行處理，她做了她應該做的工作。

作者自身的觀點不會造成混淆。她指出美國史的一項長期而持續的詮釋——這個詮釋有時捕捉了民眾的想像——而且指出她的詮釋與該詮釋有何不同。她辨識昭昭天命這個詞語的來源，然後在英格蘭歷史中追溯這項核心觀念直至其上古源頭。針對這個用語對美國史產生的影響，她做出一些判斷，但她並未鼓吹讀者接受。史家可以對於過去的某些觀念或行動的好壞做出判斷；史家一直做的就是這些事。但在歷史領域，怒斥過去的事件彷彿你的讀者必定比較容易被你的情感而非你的證據與推論說服，則是不可接受的。相信你的讀者。他們閱讀這篇報告時不會只注意寫作者有多焦急或多自以為是；他們閱讀是為了知道與美國史有關的基本觀念，實際上如何將美國連結於全球史的廣泛領域中。

本篇報告從頭到尾均引用了出處，如果讀者想知道更多資訊，可以查閱這些證據。尤其注意桑能伯格小姐使用一手史料的方式，有些出自網路，有些來自其他人的作品。這有助於避免本篇報告成為其他史家研究昭昭天命的成果的剪貼之作。這項技術具有高度價值，尤其

當你面對直接引用原始一手史料的局限時。作者處理史料的用心足以使我們感覺到，我們已經從某位努力成為美國史某個重要面向的權威的學者身上得到重要的事物，而且理解這項事物具有何等重大歷史意涵。

　　研讀本篇樣本報告，回答以下問題。你也應該對你自己的寫作提出相同的問題。

寫作者的樣本研究報告檢查清單

____　√　本篇報告的哪一句話或哪些話宣示了寫作者的命題，也就是主導本篇報告的主要觀念？

____　√　寫作者如何使用引文？她為什麼通篇使用較短的引文，而不使用較長的獨立引文？她在何處看似使用了改寫的方式？

____　√　腳註採取了何種形式？為什麼腳註形式有時會有變化？

____　√　寫作者在何處使用二手史料？你可以指出她在何處對某些二手史料提出不同的看法嗎？

____　√　作者在何處做出推論？亦即，她在何處對各項文本的意義做出看似合理的提示，當文本本身的意義似乎不太明確時？

____　√　本篇論文中，哪些段落主要屬於敘事？哪些段落比較偏向闡釋模式？

____　√　本篇論文中，用來進行說服的論證出現在何處？

____　√　寫作者在何處明確下了自己的判斷？

____　√　作者在何處使用了明喻與暗喻以產生良好效果？

____　√　本篇論文的結論以何種方式反映開頭的觀念？

附錄二　寫作評論

評論是史家專業的核心部分。書評、網站評論以及對其他歷史作品的評論，代表對其他史家心血的評估。寫作評論也是訓練自己了解歷史學科如何運作的好方法。這類寫作通常是複雜的，而且存在許多要求。評論者要確實針對書籍（或其他表現形式）內容進行報導，此外要評估作品，包括討論作者的邏輯與組織、證據與結論，有時還包括寫作者的寫作風格。

評論是一種特殊的寫作形式

寫作評論需要許多我們先前討論過的相同寫作技巧，因此評論也是一種特殊的歷史寫作形式。你應該了解另一名作者的歷史觀念，要報導與評估這些觀念，而且要呈現你對其他史家作品的結論，這些要求將使你進入歷史主題的辯論中。這也是許多學生在他們的歷史課堂上被要求寫作書評的原因。但要記住，這裡有幾種評論類型；為了方便起見，我們將其區分為通俗、學院與學者評論。

「通俗評論」一般針對的是為有知識的讀者而寫的出版品，例如《大西洋月刊》、《哈潑》、《新共和國》、《紐約評論》與其他流通廣泛的雜誌。有些報紙，例如《紐約時報》與《華盛頓郵報》，也在一些版面有類似的評論。通俗評論的範圍有時相當廣泛，除了評論書籍或其他表現形式的內容外，也包括評論者所能想到的一切議題。因此，有些通俗評論採取對特定主題進行延伸評論的形式，不僅包括受評書籍與任何其他資料當中的主題，甚至偶爾包括該主題的某個特

定面向。雖然這些評論通常是非常有趣的論文，但它們無法成為你被要求寫作的評論類型的實用範本。

另外兩種評論類型在指引你的寫作上更為重要。第一種我們稱為「學院評論」，通常出現在專業期刊上，如《美國歷史評論》、《世界史》或《歷史學家》。一般來說，學院評論比通俗評論短──通常不超過五百字──而且針對的是學術讀者。有時，歷史期刊也會刊出一到兩篇篇幅較長的「評論論文」，這種文章更接近我們所說的「通俗評論」。但對史家來說，這些評論論文通常將焦點放在評論者評論的書籍所提出的重要學術議題上。我們建議你查閱歷史期刊與 H-Net 評論網站（http://www.h-net.org/reviews）上的評論與評論論文；你可以從中了解大部分史家會如何準備與呈現評論。

課堂上要求你寫作的評論，應該比較類似於以下這類評論；我們稱這些課堂作業為「學者評論」。一般而言，它們比絕大多數的學院評論來得長，而且更局限於學有專精的讀者──你的指導老師與同學。就某方面來說，這些評論更像我們先前提到的有時出現於學術期刊上的「評論論文」。你的指導老師可能會針對評論該寫什麼提供非常特定的指示；若是如此，要遵守這些指示。不過，無論你得到的特定指示為何，以下的一般指導方針應該也能協助你寫出更好的書評。

1. 誠實閱讀！這似乎是不言自明的道理，但它依然是寫作評論時最重要的忠告。有時，就連專業史家也不閱讀他們在期刊上評論的作品。當憤怒的作者撰文抗議時，你可以看到他們的錯誤；偶爾你會在歷史期刊上看到這類抗議文章。不要讓

這種事發生在你身上！如果你找到並且閱讀你被指定評論或你自己選擇評論的書籍的一篇或多篇評論，你會學到不少東西。但這不能「取代」直接閱讀作品與做出自己的判斷。此外，要記住：如果你的書評引用別人的書評（不管是觀念還是文字），那麼你一定要做到基本的誠實。我們在第一章提醒的避免抄襲，評論也一樣適用！

2. 介紹作者，但不要浪費時間做不必要或多餘的陳述。說作者「特別有資格」寫這本書，是一種老掉牙的講法；這種介紹對你的評論根本沒有幫助，你應該簡短介紹作者的背景，以及或許作者為了寫出你要評論的這本書而做了哪些研究。但不要在作者上面做過多的討論，兩三句話通常已經足夠。

3. 一定要介紹作者的主題或命題與寫作動機。你對主題或命題做了什麼評估？徹底閱讀作品。一定要閱讀導論或前言。學生在匆忙下可能會跳過導論，以為這麼做可以節省時間。這是個嚴重的錯誤。作者通常會在導論說明他們寫這部書的理由。事實上，我們建議你在讀完一本書之前可以先閱讀前言、導論與最後一章。幾乎沒有作者不會在書的最後留下提醒之語；他們想確定讀者能抓到重點！評論者應該善用這種動機。

有些學生拒絕我們的建議，他們不願在一開始先讀最後一章。我們提醒學生，歷史作品不是小說，好的歷史作品（與短篇論文）幾乎絕不會有出人意表的結尾。先讀最後一章，可以讓你在閱讀整本書時了解作者鋪陳的方向。此外，要記

住，「主題」與「命題」不一定等同於書籍的主角。書籍的主角也許是二次大戰期間英國首相溫斯頓・邱吉爾的傳記，但書籍的主題或命題卻可能是，邱吉爾是偉大的戰時領袖，卻是拙劣的戰後世界詮釋者。

4. 摘要（但要簡短）作者呈現的用來支持命題的證據。不要養成一種習慣，把摘要書籍當成是寫報告而不是寫書評。這種做法很少能產生成功的「書評」。不要嘗試把書裡每個有趣的細節全部報導出來，應該留下一些空間讓讀者自己去探索。通常比較好的做法是描述書裡一些精采片段，講述當中出現的一到兩則故事。你也許會考慮討論作者使用的證據類型，特別是作者仰賴的一手史料。

5. 考慮在評論中穿插一到兩行引文，以增添文本的風味。主觀的援引，但必須公允。你所評論的作者文章可以爲你的評論增添風味，但要避免長篇厚重的引文。你必須向讀者顯示你已經充分掌握自己評論的書籍，你理解的深度足以讓你用自己的話來敘述作者的觀念。

6. 避免長篇評論作者的寫作風格。說作者的風格優美、拙劣、有趣或沉悶，這都無妨。如果一本書寫得特別好，或難以理解，你可以引用一句話來具體顯示風格的好壞，但不要圍繞這一點做冗長的討論。「這本書很有趣」或「這本書很乏味」這類概括的說法對你的評論幫助不大。如果你認眞做好評論工作，讀者自然會看出你覺得這本書有趣還是乏味。要記住，如果你覺得乏味，問題可能出在你身上而不是作品。

當田納西大學一名上古史教授聽到我們當中有人說閱讀希臘哲學家普魯塔克很乏味時，他嚴肅地說：「馬里厄斯先生，你沒有權利嫌普魯塔克乏味。」我們兩人都同意他說的對。

7. 不一定非對作品做出負面評價不可。如果你發現不正確的地方，就應該加以指明。如果你不同意作者的詮釋，那麼應該發表你的看法而且說明理由。然而，你應該避免對作品做情緒性的攻擊。學術圈不見得謙恭有禮，但它卻應該如此。言詞粗魯的評論者只會讓自己看起來像個蠢蛋。此外，要記住，對作品提出瑣碎的埋怨也會讓你看起來愚蠢或不公允。不要浪費時間在挑剔小錯上，除非這些錯誤改變了作者的原意。要記住，每部優秀的歷史作品都有瑕疵。作者事實上可能犯了一些小錯或一些可質疑的判斷，但即使如此，這樣的作品仍可能極富價值。不要因為自己找到一些錯誤就不客氣地加以指責，試著從整體來判斷一本書或其他的歷史呈現。

8. 針對作者呈現的內容加以評論。如果你希望作者寫出一本不同的書，那麼你也許應該自己來寫一本不同的書。你現在要評論的是作者已經寫下的「這本」書。如果這本書沒有寫作的必要，如果它無法增添我們對該領域的知識，如果它提出證據無法支持的結論，那麼你應該如實陳述。你不可以抱持作者應該寫出另一種作品的想法，來評論作者目前的作品。

9. 試著將自己的經驗（你的閱讀、你的回憶、你的想法、你的反思）寫進評論裡。如果你評論一本有關二十世紀初期中國的作品，如果很幸運地你剛好有到中國旅行的經驗，你可以

把自己對中國的印象寫進評論裡。當你寫作評論時，嘗試將自己所學的一切寫進去。如果你在其他課堂上已經讀過與這堂課有關的書籍，那麼你應該在評論裡提及這些作品。如果你知道作者忽略的事實，那麼你應該如實陳述。但在寫作時不能故做一副你對於作者的主題也擁有獨立知識的樣子，而事實上你所有的知識都是從作者書中得來的。如果你不是專家，不要打腫臉充胖子。誠實才是上策。

樣本學生評論

以下是對湯瑪斯‧弗雷明《華盛頓的祕密戰爭：佛吉谷的隱藏歷史》一書所做的評論，是由某個學生所撰寫。仔細閱讀這篇評論，在寫作自己的評論時，要牢記我們先前提出的建議。

湯瑪斯・弗雷明發現的另一場戰爭

評論湯瑪斯・弗雷明
《華盛頓的祕密戰爭：佛吉谷的隱藏歷史》

評論者：布蘭迪・泰勒・阿爾諾
東田納西州立大學
二〇〇八年四月十七日
歷史 3410：史學方法
教授：梅爾文・佩吉

湯瑪斯・弗雷明二〇〇五年的作品《華盛頓的祕密戰爭：佛吉谷的隱藏歷史》，對華盛頓將軍與佛吉谷的描述提出了嶄新而令人眼睛為之一亮的觀點。華盛頓經常被過度化約為一名長久受苦的將領，他在一七七七到七八年間的冬天身陷佛吉谷而動彈不得，只能透過書信向各州總督與大陸會議的議員們訴說軍隊的苦況。根據弗雷明對佛吉谷的研究，他驚訝地發現華盛頓不為人知的一面：

> 這位華盛頓不同於那位長久受苦、身陷佛吉谷六個月期間一事無成，只能在信中哀嘆士兵饑寒交迫的將領。華盛頓不僅要面對軍隊崩解的威脅，還要力挽自己身為領袖與愛國者即將毀壞的名聲，於是他以狂暴與欺詐來反擊敵人。（xii）

弗雷明在書裡主張，華盛頓將軍是一名政治人物，而且是非常優秀的政治人物。他以證據來支持這項論點，他提出的資料顯示哪些人是華盛頓的敵人、他們的動機，以及將軍如何在佛吉谷統率軍隊期間回應來自各方的攻擊。弗雷明也提供例子指出誰是華盛頓的支持者，以及華盛頓如何運用這些支持來維護自己的利益。

　　身為著作等身的作者，弗雷明不僅善於撰寫小說，也精於歷史研究，後者有一些是國家公園管理局委託他進行的。他的作品絕大部分（無論文學還是非文學）與美國軍事史有關，其中包括華盛頓的早期傳記《他們心中的領袖》（一九八四）。他對美國過去的真實故事有著明確的興趣，他坦承自己「得出一個無可爭議的結論：歷史充

滿了驚奇」（xi）。弗雷明在本書提到的主要驚奇不只在於華盛頓有敵人，而且敵人還相當多，包括了大陸軍的重要軍官與大陸會議的議員！他對華盛頓將軍的描述雖然不是老一輩所熟悉的，但卻使用了先前未研究的書信與日記所蒐集得來的證據。弗雷明從研究中發現了華盛頓在佛吉谷期間的主要對手。他的敵人名單包括（但不限於此）何瑞修·蓋茲將軍、湯瑪斯·康維上校、補給局長湯姆斯·米弗林與塞繆爾·亞當斯。

　　本書將華盛頓與蓋茲、康維和米弗林的戰爭，描述成一場三人為了自我晉陞與權力（尤其是蓋茲）而進行的野心鬥爭。這三個人形成了可以被稱之為聯盟的組織，使華盛頓與軍隊在佛吉谷駐紮過冬時，這三人的主要目標似乎是讓華盛頓將軍出醜，讓他對大陸軍陷入的不利情況負起責任。華盛頓這三個敵人總是試圖以「地下」的方式對抗他，目的是為了在被問起他們的行動時能保護自己。弗雷明的作品敘述這些人在大陸軍從事的職務，與他們每個人如何未能達到應有的優秀標準。如弗雷明向讀者顯示的，這些人經常基於自尊與對華盛頓的妒意而故意讓自己無法達到標準。作者在此適切地提出例子來顯示他們的缺點。未達標準的一項例證是蓋茲在薩拉托加的勝利。根據弗雷明對書信與戰時紀錄的研究，蓋茲從未將勝利一事知會華盛頓將軍；這不僅顯示對統帥的忽視，也顯示對他的不敬。

　　這些人不僅未盡忠職守、將一切歸咎給華盛頓，還在談話中對將軍提出種種負面的看法。弗雷明提供的一件著名例子是康維寫給米弗林的信，信中把華盛頓描述成一名軟弱的將領，擁有無能的幕僚，若非「上天」「決心挽救這個國家」，一切早就完了（116）。當這些

話傳到華盛頓耳裡，蓋茲與康維矢口否認他們曾說過這種話。這些只是弗雷明書中的兩個例子，書中還有更多關於這些人如何反對華盛頓的詳盡例子，值得讀者閱讀以得到更多資訊！

這場反對華盛頓的祕密戰爭的下一個人物是塞繆爾‧亞當斯。事實上，亞當斯不只是一名敵人，他還帶來大批從新英格蘭各州來的敵人。亞當斯與他的支持者以「真輝格黨」自居，他們與華盛頓在幾個哲學議題上發生齟齬，其中包括對美國獨立革命的愛國主義的定義。新英格蘭人深信，士兵與美國人應該只基於對自由的熱愛而投身於革命。但華盛頓卻認為，就算人們是受了自由驅使，他們也有經濟的需求，最終要在經濟上求得滿足。弗雷明對於華盛頓與這些新英格蘭人的戰爭的洞見，提供了美國獨立革命中經常為人忽視的一個面向。

在這些與其他例子中，弗雷明運用具說服力的研究顯示華盛頓如何處理這些問題，而在他的書裡還有更多例證。弗雷明就是以這種方式證明他的命題：華盛頓是個手腕高明的政治人物。必須說明的是，本篇評論只強調少數幾次華盛頓擔任統帥時遭遇的困難，但弗雷明在作品中歷數華盛頓的種種試煉，以及他如何冷靜應對。作者顯示華盛頓在整個過程中抱持的主要目標，就是不讓外界知道這些以愛國者自稱的人士內部逐漸分裂的事實。弗雷明認為，華盛頓深知，讓英軍得知此事固然不利戰局，但更糟的是會動搖原本就對革命三心兩意的美國民眾。弗雷明的作品顯示，華盛頓一直很清楚自己面臨的處境，而且明白該怎麼處理才對美國獨立革命有利。

藉由呈現出誰做了什麼以破壞華盛頓的名聲，而將軍又是如何面對敵人的詭計，弗雷明成功提出可信的證據證明自己的命題，使這

本書成為教導歷史的成功範例。作者也以曉暢的文字（在各個章節以淺顯易懂的故事取代枯燥乏味的證據清單）來證明自己對華盛頓的看法。在《華盛頓的祕密戰爭》中，弗雷明在第二章與第九章詳細描述英軍與費城的悠閒生活，這兩章幾乎未提到華盛頓與「祕密戰爭」。作者似乎想以英軍與費城紙醉金迷的生活方式，與華盛頓在冬日佛吉谷窮於應付高層的祕密戰爭做一對比。弗雷明在這兩章的取徑是可理解的，但對於想直接潛入「祕密戰爭」並且待在其中的急切讀者而言卻可能充滿挫折。然而，這只是微不足道的批評，不應掩蓋弗雷明這部作品的價值。

　　《華盛頓的祕密戰爭》的另一項優點是，在八十二頁與八十三頁之間有一系列的圖片，畫中人物就是華盛頓的著名敵人，圖片文字說明畫中人物是誰、他們的軍銜或議員頭銜，以及誰參與了反對統帥的「祕密戰爭」。華盛頓最得力的盟友也出現在這些畫作裡，圖片文字說明他們在支持華盛頓上做出什麼貢獻。值得一提的是，弗雷明在本文裡也提到這些支持者，並且顯示他們各自在協助華盛頓抵抗針對他而起的祕密戰爭上扮演什麼角色。作者在書中還做了一些令人驚訝的安排，使得這本書值得一讀。這本書另一個有用的特色是註釋的組織很適切，讀者可以很輕鬆地檢視弗雷明的史料。弗雷明對史料出處的註釋做得相當完整，使他對《華盛頓的祕密戰爭》所做的研究極具可信度，並且為想更深入了解該主題的讀者提供了一個起點。

　　整體來說，弗雷明的傑作呈現出一個了解喬治・華盛頓將軍的嶄新觀點，它揭穿了許多關於這個人與佛吉谷的神話。這本書是給那些對於「講述歷史真實」感興趣而且做出奉獻的人閱讀的。弗雷明努力

提供更誠實的觀點來說明華盛頓實際上是什麼樣的人,以及美國獨立革命期間究竟發生了什麼事。這不是一則人人都敬愛華盛頓的故事,也不是一則所有美國人都願為「美國獨立」犧牲的故事。弗雷明藉由揭露華盛頓所遭遇的祕密戰爭,來顯示革命中人性的一面。基於這些理由,我要向歷史系學生大力推薦此書。

本篇評論需要注意的地方

這篇評論是否符合之前的指導方針?是否漏掉任何一項?如果是的話,是否減損了這篇評論的價值?從哪方面可以判斷這是一篇書評而非書籍報告?是否這篇書評還有問題尚未解答,因而使你不願閱讀弗雷明的作品?或者,你是否會在下一次尋找更多有關美國獨立革命的一般資料時找這本書來看?

當你思考這些問題與剛才讀過的書評時,也要思考下一次當自己被要求評論一本書(或其他歷史呈現)時,你會如何寫作評論。你也可以使用以下的清單做為準備評論的指引。

寫作者的評論檢查清單

____ ✓ 我的評論是否能夠證明我確實讀過這本書?

____ ✓ 我是否適當地呈現出主題或命題?

____ ✓ 我對於支持中心命題的證據與論證是否做出清楚的解釋?

____ ✓ 我是否對作者的寫作風格做出恰當的評斷?

_____√　我對於作者作品所下的判斷是否適度而健全？

_____√　我是否切實地針對作者寫作與呈現的內容做出評論？

_____√　我是否能將個人的想法寫進評論中？

附錄三　短篇論文作業

在許多歷史課程中，你也許會被要求寫作短篇論文，通常針對的是非常特定的主題。舉例來說，我們經常要求學生根據我們在課堂上分派的閱讀內容寫作短篇論文，通常不超過五百個字（或兩張 A4 紙）。這些論文與許多類似作業的用意是為了鼓勵學生對一些文獻、歷史論文或甚至期刊文章進行思考性的閱讀，以及激勵學生寫作論文時能謹慎思索。這些作業通常會事先知會，所以你可以有計畫地從事閱讀與研究。有時候，作業會在你準備閱讀或研究資料（你要根據這些資料寫作短篇論文）之前公布。另一方面，非常類似的問題也可能成為申論題的基礎，指導老師會要求你認真思索你已經在研讀的資料。

我們曾經採用的這種預先告知的作業形式，是以學生閱讀基督教君主阿姆達・塞約恩（於一三一四到一三四四年間統治衣索比亞）的皇家編年史摘錄為基礎。我們要求學生寫一篇五百字的論文，比較阿姆達・塞約恩抵抗伊斯蘭入侵與同時期歐洲及其他地區的類似處境。另一種作業有時會引進到課堂上做為即將進行討論前的準備，我們先讓學生研究名畫家楊・凡・艾克一四三四年的畫作《喬凡尼・阿諾爾菲尼與他的新娘》，然後要求學生寫一篇有關凡・艾克描繪的對象，以及這些對象提供了哪些與中古時代歐洲商人社會地位相關的證據的短篇論文。[1]

這些簡短的論文與本書討論過的其他種類的（通常較長）論文略

---

1. 這兩份文獻的複本與介紹性討論，見 Dennis Sherman, et al., *World Civilizations: Sources, Images, and Interpretations*, 3rd ed. (New York: McGraw-Hill, 2002), 230-231, 243-244.

有不同。它們實際上更像申論題，必須在規定時間內仰賴自己的記憶（通常不能仰賴筆記、書籍、圖書館參考室或 the Tuteret 的協助）寫作。申論題可以測試你知道什麼以及你以為自己知道什麼。而就某種程度來說，申論題是刻意營造的產物；史家通常不會在標準申論格式的限制下寫作。史家寫作、修改、重新檢視史料，然後再修改。所以申論題經常是了解你從歷史課堂上學到多少的最包羅萬象的測試。申論題是西方學院場景常見的一環，你一定有面對它們的豐富經驗。最佳的申論題可以讓你顯示對事實的知識、表現你對於與事實相關的史料的記憶，以及證明你有能力對事實做出判斷。

或許，準備短篇論文（包括申論題）的最好方式是研讀指定的閱讀作業、勤快地上課與做好筆記。做筆記（不管在課堂上還是閱讀時）的最好方式是使用關鍵字與片語迅速記下重要概念，不要試圖記下每一個字。上完課或閱讀一段時間之後，盡快坐到電腦或筆記本前面（以原始筆記為基礎），將教授說過的話或你讀到的東西記述下來。當內容不清楚時，要質問重點在哪兒；使用參考書（特別是教科書）來確認自己是否真的了解資訊。當然，這些工作需要時間，而大學生很忙碌，許多人必須工作來支持自己繼續上學。他們很難找到時間在做筆記後能重溫筆記。然而，如果你強迫自己溫習，將會發現長期而言你可以節省更多時間。當你重新整理自己的筆記時，可以讓資訊在你腦子裡留下深刻的印象。你會對自己的筆記相當熟悉，到了即將撰寫短篇論文作業或申論題時，你可以不用臨時抱佛腳。你已經知道絕大部分的資料！你可以募集同學，大家合作將筆記（從課堂到閱讀的筆記）集合起來。根據我們的經驗，一起研讀與討論課程內容的

學生，比較有可能在論文上拿到最高分。我們認為這不是欺騙，它反映出許多歷史作品的合作精神。

如果你事先知道短篇論文的題目，就應該研究它。如果你在開始寫作前不久才拿到問題，依然可以針對你拿到的問題做準備。要特別留意教授在課堂上強調的重點。試著思考如果自己是教授會提出什麼樣的問題。記住，教授通常會覺得，如果自己在課堂上花了很多時間討論某個主題，那麼應該可以合理期待學生對這個主題有一定的了解！如果你能自己想出問題，你會驚訝於自己有時還滿了解教授的想法。一旦你拿到論文題目，就應該謹慎遵循問題的指示。「把問題讀過一遍。」我們總是驚訝於學生經常粗心地閱讀問題，他們隨後寫下的論文通常跟主題毫無關係。

觀察問題，判斷每個問題要求的是哪一種歷史寫作模式。你的首要任務應該是講述一則故事：「追溯馬丁‧路德的事業，從一五一七年贖罪券爭議到一五二一年出席沃姆斯帝國議會。」你需要敘述從一五一七年到一五二一年間的一連串事件，仔細選擇路德在這段期間最重要的幾個事業階段。或者，你可能被要求對某項事件、某篇文獻或某個人的歷史意義做出解釋：「討論孫文的英雄形象對於發展中的中國共產主義意識形態及其對手『國民黨』的意義。」要回答這個問題，你必須寫一篇闡釋。首先你要解釋孫文努力讓中國人從歐洲帝國主義控制下解放而成為領袖的「英雄形象」。然後，你需要講述孫文為中國擬定了什麼計畫，以及該計畫如何在毛澤東的共產黨及其對手蔣介石的國民黨先後依自己的目的接收孫文訊息後所發生的變化。你可以指出這些改變何以以及如何對中國歷史產生重大意義，並以此來完

成你的闡釋。

　　與意義的問題有關的是比較問題，許多歷史教授喜歡提出這類問題。事實上，教授只需要提出一個問題就能得到兩個答案！你必須顯示你心靈的彈性，以及你對課堂資料兩個部分的知識掌握多少。例如：「比較同樣完成於一五一六年的湯姆斯・摩爾《烏托邦》與馬基維利《君王論》。」對此，你需要寫一篇闡釋，解釋兩本書的關鍵觀念，了解摩爾與馬基維利都潛心改革。你要突顯兩人希望的改革有什麼差異。你要評估兩人的改革計畫如何影響中古歐洲的世界，並以此做出結論。在進行比較時，你可以額外解釋這兩個生活在同一時代與類似文化中的人物，想法有著多大的差異。

　　其他的短篇論文問題會要求你提出論點，說服你的教授相信你已經能掌握資訊。這些論文難度很高而且具挑戰性。你可能要面對像這樣的問題：「一九六〇年代有哪些非洲國家元首在國家脫離殖民統治後的二十年間，為自己的國家提供了最佳的政府計畫？你要提出什麼理由支持你的論點？」無論你選擇的是夸梅・恩克魯瑪、朱利烏斯・尼耶雷雷還是其他非洲領袖，你必須為自己決定寫作的人物提出合理論點來建構你的論文。但要記住，史家很少能釐清所有的懷疑。你不可能在短篇論文的有限篇幅中解決每個疑點與駁斥一切反對意見，當然在寫申論題的短短幾分鐘內更是不可能。然而，你可以顯示你知道資料，你曾經明智地思考過資料，而且你可以對資料的內容提出具說服力的理由。在提出自己的論點時，應該要對反面論點有一定的熟悉度，而且要提出反對它們的理由。

　　在我們喜愛的短篇論文問題中，有一種是要求學生分析重要文

本。教授可能從值得注意的歷史文獻中引用一個段落，要求學生說明文意。這種問題也可以更具針對性。例如最近我們向學生提出這樣的問題：

> 　　歐洲哲學家法蘭西斯‧培根在十七世紀初表示：「各種發現所帶來的力量、美德與結果……其中最明顯的莫過於這三樣古人從未聽聞的事物……此即印刷術、火藥與羅盤。因為有了這些發現，才改變了世界各地事物的面貌與狀態。」你是否同意培根的說法？這些科技發明的發展與傳布是否真的對世界歷史有這麼深遠的影響？

這個問題不僅要求學生仔細思考一些非常特定的事物，還要求考量這些事物的意義。我們的學生比爾‧亨布洛克最近在「世界史：到西元一千五百年」這堂課的考試上寫了一篇短篇論文回答這個問題：

> 　　這三項發現從中國（發明於唐宋時代）被帶往西方。正如培根所言，一旦這些發現被西方所知，它們便在一五○○年後將歐洲勢力往全球擴展上扮演著重要角色。
>
> 　　火藥化學在中國發展時，原本不是一項非常有效的軍事武器。它被蒙古征服者帶到西方——根據本特利與奇格勒在《傳統與遭遇》（課程教科書）的敘述——然後在西方受到改良，第一門原始大砲首先被西方使用在戰爭上。日後，歐洲水手與探險家改進這項科技，支援他們在探索時

征服當地人民以及建立帝國，例如在非洲的葡萄牙人；在中美、南美與北美的西班牙人；以及在印度的英國人。

磁羅盤也發明於中國，根據教科書的說法，它一開始是經由印度與非洲水手（他們利用羅盤與貿易風從事大量貿易，從北非、東非與印度，經由印度洋而抵達東南亞與中國）而傳布到印度洋。最終這項知識傳給了歐洲的航海家，他們運用這項知識探索世界其餘的海洋，並將整個世界結合成一體。從那時起，觀念、疾病、風俗與宗教的貿易與交換，可以在世界任何地點之間進行。

教科書也指出印刷術發明於中國，它源自亞洲，卻由歐洲人發揚光大。從十三到十五世紀，透過以印刷術來傳布各種作物的新種植技術，歐洲農業因此獲得進展。此外，聖經的印刷也協助傳布基督教世界的信仰與統一。歐洲藉由基督教而結合成一體，教會透過聖經權威、共同信仰與教會實踐，而將巨大的權威施加在民眾身上。

歐洲一直是個政治分裂地區，與世界上其他偉大的帝國相比（尤其從羅馬帝國崩潰之後）顯得落後野蠻。藉由取得這三項發明，並且依照自己的需要與進步來改進它們，歐洲國家成為發明者，並且於西元一五〇〇年後在世上建立起偉大的帝國。

注意作者如何以提供命題陳述的簡短段落開頭，上面還特別引用了問題的文字。作者接著以獨立的段落分別討論培根提及的三項發現，並

且分析每項發現的意義。在結論中，他重述一次命題以與開頭呼應。他也提到課程的教科書，文中絕大部分資訊都引用於此，如同長篇論文提供的史料出處。

　　要在任何短篇論文中達到這種均衡，必須預先做好研究與準備，而後當你拿到問題時，要仔細加以計畫。我們鼓勵學生快速記下他們記得的與問題相關的字詞與片語，然後重新將這些拼貼而成的觀念組織成基本的大綱。尤其考試時，你必須快速進行這些工作，而且要謹慎判斷如何分配考試時每個問題的作答時間。小心不要花太多時間在組織上，或者是論文的某個部分與考試的某一題。在完成你的大學教育之後，你會發現分配時間是人類最重要的任務之一；寫申論題能夠有效率地運用時間，是一項很好的訓練，可以讓你面對未來的挑戰。

　　管理你的可用時間與空間，這是寫作任何歷史論文的重點。然而，即使在非常短的論文中（無論是不是考試），你也必須盡可能做到特定。你必須指出人物的姓名、日期、文獻、地點──回答基本的史家問題：何人？何事？何時？何地？何以如此？你的腦子應該不斷想著這些問題，而且應該在閱讀與寫作時不斷嘗試回答這些問題。要仔細計畫你的論文，以確定自己能完成這些任務。這麼做將幫助你做好回答任何歷史問題的準備。你可能發現，用來思考論文的時間──即使你還不知道自己可能要寫的是什麼題目──可以提供你一個機會去形塑你的知識、整合不同部分的知識，與產生一篇也許不只是愉悅來源而且是自豪來源的論文（即使在考試上）。

　　當你完成任何短篇論文，包括那些為了申論題而寫的論文時，要

在交出之前將自己的作品重讀一遍。以充足的時間思考以下「寫作者的短篇論文檢查清單」的關鍵問題。

寫作者的短篇論文檢查清單

_____√　我是否明確聚焦我的主題？

_____√　我是否清楚陳述我的論點？

_____√　我是否仔細標明觀念與證據的出處？

_____√　我是否提出自己原創的想法？

_____√　我是否清楚表達自己的意見？

引用文本出處

頁2-3: James Grehan, "Smoking and 'Early Modern' Sociability: The Great Tobacco Debate in the Ottoman Middle East (Seventeenth to Eighteenth Centuries)," *The American Historical Review*, vol. 111 (2006): 1352. 已獲作者與芝加哥大學出版社同意使用。

頁9-10, 11: Charles Ambler, "Popular Films and Colonial Audiences: The Movies in Northern Rhodesia," *The American Historical Review*, vol. 106 (2001): 81-82, 105. 已獲作者與芝加哥大學出版社同意使用。

頁12-13: Leora Auslander, "Beyond Words," *The American Historical Review*, vol. 110 (2005): 1015. 已獲作者與芝加哥大學出版社同意使用。

頁19-20: Camilla Townsend, "Burying the White Gods: New Perspectives on the Conquest of Mexico," *The American Historical Review*, vol. 108(2003): 659. 已獲作者與芝加哥大學出版社同意使用。

頁88-89: Richard Hofstadter, The Progressive Historians. Copyright©1968 by Richard Hofstadter. 已獲 Alfred A. Knopf, a division of Random House, Inc 同意使用。

頁121-122: Harold G. Marcus, *A History of Ethiopia*, updated edition, pp. 98-100 (Berkeley: University of California Press, 2002). 已獲同意使用。

頁127-128: David Brion Davis, "AHR Forum: Looking a Slavery from Broader Perspectives," *The American Historical Review*, vol. 105 (2000): 453-454. 已獲作者與芝加哥大學出版社同意使用。

頁172-187: Penny M. Sonnenburg, "Manifest Destiny: A Characteristic of Nations"（學生報告），已獲 Penny M. Sonnenburg-Willis 同意出版。

頁194-199: Brandy Taylor Arnall, "Thomas Fleming's Discovery of Another War: A Review of Thomas Fleming, Washington's Secret War: The Hidden History of Valley Forge"（學生書評），已獲 Brandy Taylor Arnall 同意出版。

頁206-207: William Hembrock 的學生論文，已獲作者同意出版。

精選的學生資源書目

Appleby, Joyce, Lynn Hunt, and Margaret Jacob. *Telling the Truth About History*. New York: W. W. Norton, 1994.

      對歷史的思考與實踐提出具挑戰性而略帶挑釁的反思，尤其針對二十世紀末的美國。

Arnold, John. *History: A Very Short Introduction*. Oxford and New York: Oxford University Press, 2000.

      本書針對史家寫作過去時所遭遇的一些基本議題提供簡短而具思想性的思考。

Barzun, Jacques. *On Writing, Editing, and Publishing: Essays Explicative and Hortatory*, 2d ed. Chicago: University of Chicago Press, 1986.

      蒐集美國史家賈克‧巴贊於一九五〇年到一九八五年間寫作的論文，其中包括了〈寫作者的紀律〉（"A Writer's Discipline", pp.5-17）。

——. Simple and Direct: A Rhetoric for Writers, 4th ed. New York: Quill, 2001.

      略帶哲學性的寫作取向，傑出史家與作家提出的卓越建議。

Barzun, Jacques, and Henry F. Graff. *The Modern Researcher*, 6th ed. Belmont, CA: Wadsworth/Thompson Learning, 2004.

      半個世紀以來，這些傑出美國史家的建議指引許多歷史系學生以及明智而好奇的民眾了解講述真實過去故事的技巧。

Berger, Stefan, Heiko Feldner, and Kevin Passmore, eds. *Writing History: Theory and Practice*. London: Arnold, 2003.

　　十六篇論文檢視史家寫作歷史時遭遇的問題、爭議與例證。

Brundage, Anthony. *Going to the Sources: A Guide to Historical Research and Writing*, 4th ed. Wheeling, IL; Harlan Davidson, 2008.
　　　這本極為簡短的手冊有兩成的篇幅精采介紹如何寫作一篇史學史論文，其中包括學生習作的樣本。

Feinstein, Charles H., and Mark Thomas. *Making History Count: A Primer in Quantitative Methods for Historians*. New York: Cambridge University Press, 2002.
　　　本書被一些史家認為是有關歷史學科主題的最佳指示，因此極力推薦給學生。

Gaddis, John Lewis. *The Landscape of History: How Historians Map the Past*. New York: Oxford University Press, 2002.
　　　主張現代歷史實踐更近似於新科學領域（如地質學與演化生物學）而非社會與政治科學。

Gilderhus, Mark T. *History and Historians: A Historiographical Introduction*, 6th ed. Upper Saddle River, NJ: Pearson Prentice Hall.
　　　一部簡要介紹西方傳統歷史思維發展的傑作。提供了解歷史理論與研究方法論的良好背景。

Grafton, Anthony. *The Footnote: A Curious History*, rev. ed. Cambridge, MA: Harvard University Press, 1977.
　　　傑出美國史家撰述的一部引人入勝卻不失學術氣息的歷史作品。

Hughes-Warrington, Marnie. *Fifty Key Thinkers on History*. London and New

York: Routledge, 2000.

　　這些簡短的思想人物傳記提供了從古至今的歷史實踐指引，雖然
書中提及的史家有四成生於二十世紀。

Lukacs, John. *A Student's Guide to the Study of History*. Wilmington, DE: ISI
　　Books, 2000.

　　作者是一位傑出而文化觀點保守的史家，本書簡要概述了歷史學
這門學科以及它的魅力。

Marwick, Arthur. *The New Nature of History: Knowledge*, Evidence Language.
　　Chicago: Lyceum Books, 2001.

　　在完成《歷史的本質》（The Nature of History）的三十年後，這
位英國史家再度反思歷史寫作實踐的變遷。

McMichael, Andrew. *History on the Web. Wheeling*, IL: Harlan Davidson, 2005.

　　簡要而基本的入門之作，儘管如此，對於那些相信自己知道如何
使用網路進行歷史研究的人來說，這本書仍算是優秀的基礎作品。

Munslow, Alan. *The Routledge Companion to Historical Studies*. London and
　　New York: Routledge, 2000.

　　二十一世紀的視角，近六十項新手史家應該知道的關鍵主題；包
括每個條目所附的廣泛書目。

Posner, Richard A. *The Little Book of Plagiarism*. New York: Pantheon Books,
　　2007.

　　聯邦法院法官，同時也是著作等身的作者。他不僅思考重視抄襲
問題的基本法律原則，也提出一些公開例子與學生抄襲的誘因。

Presnell, Jenny. *The Information-Literate Historian*. New York: Oxford University Press, 2007.

透過資訊服務中心的圖書館員與有經驗的指導老師，可以提供學生實際而且有時詳盡的與歷史研究相關的建議。

Southgate, Beverley. *What Is History For?* New York and London: Routledge, 2005.

資深史家檢視歷史的功用，不僅舉過去的例子爲證，也爲未來的歷史寫作方向提出建言。

Staley, David J. *Computers, Visualization, and History: How New Technology Will Transform Our Understanding of the Past*. Armonk, NY: M. E. Sharpe, 2003.

本書認爲新科技具有影響歷史知識呈現的潛力，而且對於處理過去的方式提出挑戰讀者的新洞見。

Strunk, William, Jr. and E. B. White. *The Elements of Style*, 4th ed. New York: Longman, 2000.

這本著名的「小書」提供清晰寫作的珍貴建議，並且爲二十一世紀提供更新的觀點。

Wilson, Norman J. *History in Crisis? Recent Directions in Historiography*, 2nd ed. Upper Saddle River, NJ: Pearson Education, 2005.

簡要思考各項歷史研究取向，尤其強調二十世紀末與二十一世紀史家之間的爭議與辯論。

英漢對照

第二章

Minoan　米諾安

Rubicon River　盧比孔河

Cisalpine Gaul　阿爾卑斯山此側高盧

Fort Sumter　薩姆特要塞

David Hackett Fischer　大衛‧哈基特‧費雪

Ad hominem　人身攻擊

bandwagon　樂隊車

Hernando de Soto　埃爾蘭多‧德索托

Alfred W. Crosby　阿弗雷德‧克羅斯比

Priya Joshi　普莉亞‧裘西

Robert Fogel　羅伯特‧佛格爾

Stanley Engerman　史坦利‧英格曼

Time on the Cross: The Economics of American Negro Slavery　《苦難時刻：美國黑人奴隸制經濟學》

cliometrics　計量史學

Oscar Handlin　奧斯卡‧韓德林

Truth in History　《歷史的眞相》

Life in Black and White: Family and Community in the Slave South　《黑人與白人的生活：奴隸南方的家庭與社群》

Brenda Stevenson　布蘭達‧史帝文森

Loudon County　勞登郡

bell curve　鐘形曲線

critical method　考證方法

external criticism　外部考證

internal criticism　內部考證

Donation of Constantine　君士坦丁的捐獻

Lorenzo Valla　羅倫佐‧瓦拉

Sir Edmund Backhouse　艾德蒙‧貝克斯爵士

Hugh Trevor-Roper　修‧崔佛羅伯

The Hermit of Peking　《北京隱士》

Bodleian Library　博德里恩圖書館

Stern　《明星》

Ockham's razor　奧坎剃刀

William of Ockham　奧坎的威廉

Bob Woodward　鮑伯‧伍德沃德

Carl Bernstein　卡爾‧伯恩斯坦

Mark Felt　馬克‧費爾特

第三章

George F. Kennan　喬治‧肯南

National Book Award　美國國家圖書獎

Russia Leaves the War　《俄國退出戰爭》

Arthur Marwick　亞瑟‧馬維克

Guilford College　吉爾佛德學院

Jeff Jeske　傑夫‧傑斯克

April Theses　四月綱領

Daniel Headrick　丹尼爾‧赫德里克

Edward Said　愛德華‧薩依德

Sergey Prokofiev　謝爾蓋‧普羅高菲夫

Robert E. Lee　羅伯特‧李

Woodrow Wilson　伍德羅‧威爾遜

Mahatma Ghandi　聖雄甘地

Susan B. Anthony　蘇珊‧安東尼

Martinique　馬提尼克

Wikipedia　維基百科

László Kozma　拉茲洛‧寇茲瑪

Thomas Jefferson　湯姆斯‧傑佛遜

New Dictionary of the History of Ideas　《新

〈美國與菲律賓群島〉

Frederick Jackson Turner　弗雷德里克‧傑克森‧特納

A. B. Hart　哈特

Rise of the New West　《新西部的興起》

Max Farrand　麥克斯‧法蘭德

Boilerplate　鍋爐人

Paul Guinan　保羅‧吉南

第四章

Sidney Mintz　席德尼‧敏茲

Sweetness and Power: The Place of Sugar in Modern History　《甜與權力：糖在近代史上的地位》

Elena Razlogova　艾蓮娜‧拉茲洛戈娃

George Mason University　喬治梅森大學

manifest destiny　昭昭天命

Dixon Wecter　狄克森‧韋克特

John O'Sullivan　約翰‧歐蘇利文

Oxford American Writer's Thesaurus　《牛津美語寫作者同義辭典》

Guilford Writing Manual　吉爾佛德寫作手冊

第五章

Barbara Tuchman　芭芭拉‧塔克曼

Radcliffe College　拉德克利夫學院

Battle of Adwa　阿多瓦之戰

Menilek　梅內里克

Harold G. Marcus　哈洛德‧馬庫斯

General Oreste Baratieri　歐瑞斯提‧巴拉提耶里將軍

Eriterans　厄利垂亞人

Adigrat　阿迪格拉特

Idaga Hamus　伊達加哈慕斯

Tigray　提格雷

Taitou　泰圖

Jonathon Spence　史景遷

The Death of Woman Wang　《婦人王氏之死》

Paul Murray Kendall　保羅‧莫瑞‧肯德爾

battle of Barnet　巴內特之役

Duke of Gloucester　格洛斯特公爵

Earl of Warwick　沃里克伯爵

Exeter　艾克斯特

Charles Ross　查爾斯‧羅斯

Thomas More　湯姆斯‧摩爾

David Brion Davis　大衛‧布萊恩‧戴維斯

Carl Degler　卡爾‧德格勒

George M. Fredrickson　喬治‧弗雷德里克森

Peter Kolchin　彼得‧科爾欽

Shearer Davis Bowman　席爾‧戴維斯‧波曼

Eugene D. Genovese　尤金‧傑諾維斯

Michael Craton　麥可‧克雷頓

Richard S. Dunn　理查‧鄧恩

Thomas Holt　湯姆斯‧霍特

Rebecca Scott　莉貝卡‧史考特

Frederick Cooper　弗雷德里克‧庫伯

Seymour Drescher　西摩‧德雷舍

John Wyclif　約翰・威克里夫
Herder　赫德
Manifest Destiny and Mission in American History, a Reinterpretation　《美國歷史上的昭昭天命與使命：一項再詮釋》
Frederick Merk　弗雷德里克・莫克
Andrew Jackson　安德魯・傑克遜
Monroe　門羅
Henry Clay　亨利・克雷
William E. Channing　威廉・強寧
Unitarian movement　一位論派運動
Democratic Review　《民主評論》
Albert T. Beveridge　艾伯特・貝佛里吉
Theodore Roosevelt　狄奧多・羅斯服
Harrison　哈里森
Captain Alfred T. Mahan　阿爾弗雷德・馬漢上校

附錄二

Harper's　《哈潑》
The New Republic　《新共和國》
The New York Review　《紐約評論》
The New York Times　《紐約時報》
The Washington Post　《華盛頓郵報》
The American Historical Review　《美國歷史評論》
The Historian　《歷史學家》
Winston Churchill　溫斯頓・邱吉爾
Plutarch　普魯塔克
Thomas Fleming　湯瑪斯・弗雷明

Washington's Secret War: The Hidden History of Valley Forge　《華盛頓的祕密戰爭：佛吉谷的隱藏歷史》
National Park Service　國家公園管理局
First in Their Hearts　《他們心中的領袖》
General Horatio Gates　何瑞修・蓋茲將軍
Colonel Thomas Conway　湯姆斯・康維上校
Quartermaster General Thomas Mifflin　補給局長湯姆斯・米弗林
Samuel Adams　塞繆爾・亞當斯
Saratoga　薩拉托加

附錄三

Amda Seyon　阿姆達・塞雍
Jan van Eych　楊・凡・艾克
Giovanni Arnolfini and His Bride　《喬凡尼・阿諾爾菲尼與他的新娘》
Indulgence Controversy　贖罪券爭議
Diet of Worms　沃姆斯帝國議會
Utopia　《烏托邦》
Machiavelli　馬基維利
The Prince　《君王論》
Kwame Nkrumah　夸梅・恩克魯瑪
Julius Nyerere　朱利烏斯・尼耶雷雷
Francis Bacon　弗蘭西斯・培根
Bentley　本特利
Ziegler　奇格勒
Traditions & Encounters　《傳統與遭遇》

原著由 Pearson Education, Inc 於2010年出版
此繁體中文版為Pearson Education, Inc. 授權五南圖書出版
版權所有 翻印必究

1WF1
如何寫歷史

作者	理查‧馬里厄斯、梅爾文‧佩吉
譯者	黃煜文
發行人	楊榮川
總經理	楊士清
總編輯	楊秀麗
副總編輯	黃惠娟
責任編輯	邱紫綾、吳如惠、高雅婷
出 版 者	五南圖書出版股份有限公司
地址	106台北市大安區和平東路二段339號4樓
電話	(02)2705-5066
傳真	(02)2706-6100
劃撥帳號	01068953
戶名	五南圖書出版股份有限公司
網址	http://www.wunan.com.tw
電子郵件	wunan@wunan.com.tw
法律顧問	林勝安律師事務所　林勝安律師
出版日期	2010年 9 月初版一刷
	2019年11月初版四刷
定　　價	新臺幣320元

國家圖書館出版品預行編目資料

如何寫歷史/理查‧馬里厄斯，梅爾文‧佩
吉著;黃煜文譯.— 初版. — 臺北市：五
南,2010.09
　　面；　公分
　參考書目：面
　含索引
　譯自：A short guide to writing about
history
　ISBN 978-957-11-6006-1 (平裝)

1.史學　2.學術研究　3.論文寫作法

603.1　　　　　　　　　　99009670